本书出版获韩山师范学院出版基金资助

汉魏晋(刘)宋时期中央地方关系

——权力的矛盾和调整

薛军力 著

The Relationship between the Central and Local Governments in the Han, Wei, Jin and (Liu) Song Dynasties: The Contradiction and Adjustment of Power

中国社会科学出版社

图书在版编目（CIP）数据

汉魏晋（刘）宋时期中央地方关系：权力的矛盾和调整／薛军力著.
—北京：中国社会科学出版社，2024.5（2025.3 重印）
ISBN 978－7－5227－3293－0

Ⅰ.①汉…　Ⅱ.①薛…　Ⅲ.①中央与地方的关系—研究—中国—
汉代－魏晋南北朝时代　Ⅳ.①D691

中国国家版本馆 CIP 数据核字(2024)第 057898 号

出 版 人　赵剑英
选题策划　宋燕鹏
责任编辑　金　燕
责任校对　李　硕
责任印制　李寡寡

出　　版　中国社会科学出版社
社　　址　北京鼓楼西大街甲 158 号
邮　　编　100720
网　　址　http://www.csspw.cn
发 行 部　010－84083685
门 市 部　010－84029450
经　　销　新华书店及其他书店

印　　刷　北京明恒达印务有限公司
装　　订　廊坊市广阳区广增装订厂
版　　次　2024 年 5 月第 1 版
印　　次　2025 年 3 月第 2 次印刷

开　　本　710×1000　1/16
印　　张　13.75
字　　数　161 千字
定　　价　79.00 元

目　　录

绪　　言

中国历史上，处理好中央和地方关系，是关系到维护国家统一、皇朝稳定的大问题。

自秦建立起统一的中央集权专制制度之后，中央统辖地方、地方服从中央是中央集权题中应有之义，也是历代皇朝处理中央地方关系的准则。中央向地方委派各级官吏，赋予一定的权力以代表中央治理地方。同时中央又通过监察、考课等制度对地方官吏实行任免赏罚，以加强控制，防止可能出现的离心倾向，维护中央集权。但是，在古代的中国，由于幅员广大和经济发展的不平衡、各地区尚不能以经济为纽带结成一个整体。各个不同地区之间因山川阻隔和交通、通信工具的不发达，而处在某种程度的隔绝状态。因此，统一的基础薄弱。地方上的权力又往往集中于地方最高行政长官之手。地方官吏坐大，就可能出现某种程度企图脱离中央控制的倾向。尤其是专制皇权一旦削弱，地方上就会出现分裂割据。所以如何调整好中央和地方的权力关系，使中央能够控制地方、地方能够服从中央，历代统治者总是要根据自身条件、时代因素不断加以解决。

秦汉以后一直到明清，中国基本是一个统一的大帝国，分裂时间短。即使分裂时，那些分立的王朝仍然是大国。如何摆放中央和地方权力，是统治者的大问题，也是历史上中国政治的大问题。地方权力太大，容易产生分裂割据；中央权力过于集中，地方治民效率就低。地方治理不好，同样会影响皇朝统治的稳定。历代皇朝都在吸取前代经验的基础上，不断地调整中央和地方关系，期望找到一条使中央能够控制地方，地方权力又能正常发挥作用的途径，即中央和地方权力能够达到平衡，从而实现国家的长治久安。

历史上没有永久不变的灵丹妙药。每一种制度都有它的时代性和局限性。一种制度在一个时期使中央和地方权力关系稳定在统治者所需要的水平上。但随着时间的推移，客观条件变了，这一制度的作用和性质也会发生变化。当旧的制度和措施失灵了，统治者就要再寻找新的办法，使制度和措施逐步完善起来。

汉魏晋（刘）宋时期是中国由统一走向分裂，由分裂走向短暂统一又发生分裂的时期。探讨这一时期中央和地方关系，是中国政治史重要研究课趣。不少学者、专家在有关论著中对此多有涉及。本书是在已有的研究成果上，力图对这一历史时期中央地方关系进行系统的考察，以期对深入研究这一段历史有所裨益。

探讨这一历史时期的中央地方关系，本书将以下两个方面作为研究的重点：

第一，注意研究地方制度的发展和演变。地方行政机构，特别是地方最高一层行政机构，是地方权力集中所在；除了地方行政机构外，朝廷还在地方设有中央管辖的监察、军事机构，与地方行政机构有着种种紧密联系。弄清这些机构及它们彼此间的关系，才能说明当时中央和地方关系的具体情况。但是，这些机构并非一成不变。特别是汉魏晋时期，设在地方的监察机构、军事机构都发生了向地方行政机构转变，即地方化的趋势。这一转变过程及其对中央地方关系的影响是本书特别要探讨的。也就是说。本书是从静态和动态结合上去探讨这一历史时期的中央地方关系发展演变。

第二，注意研究政治斗争即统治阶层内部斗争对中央地方关系的影响。一定的中央地方关系是历史条件所决定的。历史条件变化了，中央和地方关系也随之而发生变化。影响中央地方关系变化的历史条件有政治的、经济的、阶级的、社会的等诸多因素，而其中最重要的是政治斗争。统治阶级内部不同政治集团势力间的矛盾斗争时显时隐。因此，必须对一些比较隐蔽重要事件加以勾勒，弄清来龙去脉，进行具体分析。这一工作是非常细致的。但舍此不能对中央和地方的关系变化做出比较准确的说明。

魏晋南北朝研究领域，前辈筚路蓝缕，硕果累累，使后来者得窥史学殿堂之辉煌。作为后学，愿以此书为耕耘这一园地尽微薄之力。但因学力不逮，疏漏、错误不可避免，敬请学界前辈及师友不吝赐教。

第一章

汉代中央、地方关系的演变

公元前221年，秦灭六国，在全国范围内普立郡县，建立起我国历史上第一个统一的中央集权国家。秦始皇欲建万世帝国，却二世而亡。汉初的统治者接受了秦权力过于集中而迅速灭亡教训，对地方制度进行调整。在解决了汉初分封的异姓王之后，又建立了同姓王分封制度。由于分封的同姓王势力发展给中央集权的统治造成威胁，经过文、景、武三世的努力，终于消除了这一分裂因素。武帝为了加强中央集权，设立专司监察地方的刺史制度。这一制度对于加强中央对地方的控制，而又使地方权力能够正常发挥有重要作用。东汉时期。刺史权力逐渐加大变重，作为监察区的州，终于在汉末成为郡之上的地方行政机构。

第一节 西汉前期郡县制的调整

秦统一六国后，在全国建立起中央集权的郡县制度。这是结束诸侯纷争割据、维护王朝统一安定的一个重大选择。但是，秦并未因此坐稳天下。秦始皇集一切权力于皇帝手中，“天下之事无小大皆决于上”①，一切权力集中于中央，使地方没有应变能力。秦始皇死后才数月，陈胜登高一呼，各地反秦势力蜂起。“山东郡县少年苦秦吏，皆杀其守尉令丞反。”② 地方政府垮台如土崩，秦王朝也随之瓦解。秦朝土崩瓦解的原因是多方面的，但也可以看出，在中央集权制度下，如何处理好中央和地方关系，是关乎治乱兴衰的大问题。

汉兴，对秦制多所遵循。地方制度上，却有所变更。刘邦惩于“秦孤立亡无藩辅”③，在消灭异姓王势力之后大封同姓王以镇天下，形成了分封制与郡县制并存的局面。

刘邦对地方制度的变动，是当时客观历史条件所决定。秦并天下普立郡县。但六国刚灭，六国贵族还在。社会上要求分立的势力还是很强大。在秦末大起义中，六国旧贵族纷纷宣布复国。刘、项也分封诸王以争取各地反秦力量的支持。这说明，秦瓦解分封制出现，是当时社会历史条件一种选择。而且，“汉兴，接秦之敝弊，诸侯并起，民失作业，而大饥馑”④。分封同姓王，给予一定的统治权力，使其便宜从事，这对于稳定地方社会秩序、恢复经济又有积极作用。所以，汉初的分封，未可视为政治制度的倒退，而是应当看作汉接受秦未能处理好中央和地方关系的教训，适应当时实际情况的一种制度上调整。⑤

汉初经几十年休养生息，社会经济不但有了恢复和发展，同姓王的势力也成长起来。诸侯王国“跨州兼郡、连城数十，宫室百官

---

①《史记》卷6《秦始皇本纪》，中华书局1975年标点本，第258页。
②《史记》卷6《秦始皇本纪》，中华书局1975年标点本，第268页。
③《汉书》卷38《高五王传赞》，中华书局1962年标点本，第2002页。
④《汉书》卷24《食货志第四上》，中华书局1962年标点本，第1127页。
⑤ 朱弘：《关于秦汉分封制的历史反思》，《中国史研究》1989年第1期。

同制京师”[1]。汉家天子才认识到，那些为巩固汉家天下而分封的王国，已经成为中央集权的巨大威胁。

汉初诸侯王势力之大不仅是权力重（如署置官吏、统兵、断狱、治民等），而王国更是疆域大（大者可五、六郡），实力强。贾谊看到了王国问题所在，因此向文帝建议：“欲天下之治安，莫若众建诸侯而少其力。力少则易使以义，国小则亡邪心。”[2] 这样就能使“海内之势如身之使臂，臂之使指，莫不制从”[3]。文帝采用了这种“众建诸侯”之策。景帝继续推行此策，并采用晁错的“削藩”措施，终引起七国之乱。平定吴楚七国之乱后，朝廷又将王国自署官吏等权统统收归中央。武帝又行“推恩分封”的办法，王国得一分再分。武帝时，王国疆域均比郡小，诸王唯得衣食租税；在行政上，王国已与郡并无二致。

在王国问题解决的同时，郡地广人众的问题也在解决。秦分天下为四十余郡。“汉兴，以郡太大，稍复开置，……故自高祖增二十六，文、景各六，武帝二十八，昭帝一，讫于孝平，凡郡国一百三。”[4] 西汉高、文、景时，疆域与秦三十六郡大体相同，而增置三十八郡，则秦一郡之地约割为二郡。武帝增置之郡多数为开三边所置，但也有十郡是割内地郡所置。这种将郡的区域划小与“众建诸侯少其力”的做法完全一致。这是武帝之前，朝廷调整中央与地方关系的一个主要措施。

武帝之世，郡国百余。应该说，较汉初地方政权实力过大相比，

---

① 《汉书》卷14《诸侯王表第二·序》，中华书局1962年标点本，第394页。
② 《汉书》卷48《贾谊传》，中华书局1962年标点本，第2237页。
③ 《汉书》卷48《贾谊传》，中华书局1962年标点本，第2237页。
④ 《汉书》卷28下《地理志下》，中华书局1962年标点本，第1639—1640页。

已大有改变。但握有大权的郡守仍令朝廷感到不安。严安在武帝时上疏称："今郡守之权非特六卿之重也，地几千里非特闾巷之资也，甲兵器械非特棘矜之用也，以逢万世之变，则不可胜讳也。"① 严安的担心不是没有道理的。汉代郡守，举凡一郡的政、兵、财诸权皆为其总揽。郡守是一元性地方长官，以至于当时也有人认为"今之郡守重于古诸侯"②。这说明，即使在郡县制下，并不能消除地方上存在的权力集中而产生的离心倾向。这种离心倾向的存在，是有着政治、经济和社会原因的。

秦建立的统一集权制度，是一种以个人为中心的集权制度。这种权力本身就具有垄断性和排他性。在当时历史条件下，权力的扩张就意味着经济和其他利益的扩大。在集权制度下，从中央到地方是一种等级性权力结构。权力纵向划分、不同层次的权力在其行使的范围内仍有集中的特点。汉代地方行政是郡、县二级。郡县守令均由朝廷任命并对朝廷负责。但实际上郡守却可以决定县的一切。《汉书·尹翁归传》云，翁归为东海太守，"翁归治东海明察，郡中吏民贤不肖，及奸邪罪名尽知之，县县各有记籍。自听其政（师古注曰：言决断诸县奸邪之事不委令长）"③。所以在中央集权制度下，突出存在着两种权力集中的现象：一是在中央，皇帝力图将所有权力都集中到朝廷；一是在地方，最高一级行政长官以总揽一方政、兵、财诸权方式集权。这后面一种集权必然对中央集权产生一种离心力，造成削弱以致摆脱中央控制的结果。所以，这种地方集权，

① 《汉书》卷64下《严安传》，中华书局1962年标点本，第2813页。
② 《汉书》卷86《王嘉传》，中华书局1962年标点本，第3489页。
③ 《汉书》卷76《尹翁归传》，中华书局1962年标点本，第3207页。

实际上是统一局面下的分权力量。

地方社会势力也是妨碍中央集权的一种力量。地方社会势力，西汉主要是游侠、富商大贾之类。东汉则多为占有大量土地、拥有奴婢千群、徒附万计的豪强大地主。这些人“荣乐过于封君，势力侔于守令”①，“不为编户一伍之长，而有千室名邑之役”②。他们不但经济利益上与朝廷存在矛盾，而且还把持一方，破坏王朝在地方上的统治秩序，助长地方上的分离倾向。《盐铁论·复古篇》称：“往者豪强大家得管山海之利。采铁石鼓筑，煮盐，一家聚众或至千余人……聚深山穷泽之中，成奸伪之业，遂朋党之权。”③ 同书《错币篇》又云：“文帝之时，纵民得铸钱，冶铁，煮盐，吴王擅障海泽，邓通专通西山。山东奸滑咸聚吴国。”④ 吴楚七国之乱，经济上就是得到这些人的支持。所以武帝时采取了一系列措施来打击豪强和富商大贾。但是，这些地方社会势力有很深的社会基础。仅靠迁徙、任用酷吏等办法，不能彻底解决问题。而且这些强力措施还引起了地方上的变乱。如元狩元年（前 122）淮南、衡山王叛，郡国豪杰坐死者数千人。元封二年（前 109）山东骚动，处处盗贼，严关门之禁等事件就分别与徙郡国豪杰及杨可告缗有相当的关系。⑤ 因此武帝及后继者就采取察举、辟除等等办法将地方豪强势力纳入王朝政治的轨道。这又为郡守等地方长官与地方社会势力的结合提供了合法的渠道。两者结合的结果，是地方势力的膨胀，必然会加强

---

① 《后汉书》卷 49《仲长统传》，中华书局 1965 年标点本，第 1651 页。

② 《后汉书》卷 49《仲长统传》，中华书局 1965 年标点本，第 1651 页。

③ 桓宽：《盐铁论》，上海人民出版社 1974 年版，第 13 页。

④ 桓宽：《盐铁论》，上海人民出版社 1974 年版，第 10 页。

⑤ 参见许倬云《西汉政权与社会势力的交互作用》。载《“中央”研究院历史语言研究所集刊》第 35 本，1964 年。

地方上分离分裂倾向的滋长。

秦统一是战国以来交换经济发展的结果。但当时的发展尚不足打破自然经济的统治地位。各个地区因自然条件的阻隔和交通、通信工具的不发达，而处在相对隔绝的状况。这种自然的和经济的历史条件，也使中央政权和地方政权的不同区域之间难以建立更多更紧密的联系，也就成为促使地方势力成长的重要原因。

所以，自秦汉以后的中央和地方关系，始终存在着集权统一与分权分裂的矛盾。在某些有力措施的作用下，地方势力由于受到中央集权的控制而得不到发展，统一局面也就能够维持。在另外一些条件下，地方势力就能够获得发展以至于可以冲破中央的束缚，导致分裂割据局面出现。因此，自秦汉以后，历代王朝最高的统治者，无不孜孜于谋求控制地方的办法和措施，以抑制地方势力的成长。汉代刺史制度就是适应中央控制地方的需要而出现的。

第二节　加强中央对地方控制的刺史制度

元封五年（前 106），汉武帝分天下为十三州，州设刺史一人。刺史作为中央派往地方的监察官员，朝廷对其职责和监察方式等都有严格的规定。

首先，刺史进行监察的对象主要是监察区（州）内的郡守二千石。监察的范围要严格按照朝廷规定的“六条”进行。《汉书·百官公卿表》“监御史”条，颜师古注引《汉官典职仪》详列六条的具体内容：包括郡守二千石是否遵奉诏令约束子弟，有否勾结当地豪强，以及断狱、选举是否公平等等方面。刺史的监察活动只能围绕六条进行，超出即为违规，就要受到朝廷处罚。

其次，刺史在行使监察权时，对不法郡守仅仅在于“劾奏”，而无罢免、处罚和代治之权。刺史的劾奏还要经“三公案验”是否属实。《后汉书·朱浮传》云，“旧制（按，指西汉时）州牧奏二千石长吏不任位者，事皆先下三公，三公遣掾史案验，然后黜退。”① 这对于防止刺史滥用劾奏之权有一定抑制作用。

还有，刺史每年巡行，无固定治所。《后汉书·百官志》刘昭注云：“孝武之末，始置刺史，监纠非法，……传车周流，匪有定镇。”②《宋书·百官志》亦称：“前汉世，刺史乘传，周行郡国，无适所治。后汉世，所治始有定处。”③ 刺史的巡行上奏有时间规定。《后汉书·百官志》称：“诸州常以八月巡行所部郡国，录囚徒，考殿最。初，岁尽诣京都奏事。”④ 刺史无固定治所，而且每年巡行有定时，举奏有定时，不会事事干涉郡守。刺史入京奏事，也是朝廷对刺史进行考核和审查的时机。

再有，刺史统属于御史中丞。刺史的活动由御史中丞和丞相司直进行监督。《汉书·薛宣传》称：“成帝初即位，宣为中丞，执法殿中，外总部刺史。”⑤ 御史中丞，为御史大夫副贰。中丞不但掌御史府重权，而且因居殿中接近皇帝。《山堂（群书）考索》（续集）卷三六《台谏》条云：“（御史中丞）执法殿中，纠察百僚。凡刺史郡国二千石，天子有所诘问，下中丞问状。……（汉初）尚书、诸

---

① 《后汉书》卷33《朱浮传》，中华书局1965年标点本，第1143页。
② 《后汉书》志28《百官五》，中华书局1965年标点本，第3620页。
③ 《宋书》卷40《百官志下》，中华书局1974年标点本，第1256页。
④ 《后汉书》志28《百官志五》，中华书局1965年标点本，第3617页。
⑤ 《汉书》卷83《薛宣传》，中华书局1962年标点本，第3386页。

吏等官未置，所谓亲近天子而疏决内外以助人主听断者，惟此（中丞）一人而已。”[①] 所以中丞实为皇帝亲信。刺史由其所总，有利于皇帝对刺史的控制。御史中丞负责对刺史进行监督管理。《汉书·薛宣传》云：“宣为中丞，……数言政事便宜，举奏部刺史郡国二千石，所贬退称进，白黑分明。”[②]

对刺史进行监督的还有司直。司直居丞相僚属之首。《汉书·百官公卿表》云：“武帝元狩五年初置司直，秩比二千石，掌佐丞相举不法。”[③] 司直主要职责是监察检举，特别是“助督录诸州”[④]。《汉书·鲍宣传》称宣为“豫州牧。岁余，丞相司直郭钦奏‘宣举错烦苛，代二千石署吏听讼，所察过诏条。’……宣坐免。归家数月”[⑤]。

由此可见，西汉在设立刺史后，不但对刺史的职权和如何行使职权做了种种规定，刺史在加强朝廷对郡守控制的同时，朝廷也限制它不要过分干预地方郡守的权力。

但郡守施政如果出格，刺史就会行使纠劾权。两《汉书》中有不少刺史纠劾二千石的情况。这些事例可以看出刺史制度的实际作用。例如：

（魏相）迁扬州刺史。考案郡国守相，多所贬退。[⑥]

（何武）为刺史，二千石有罪，应时举奏，其余贤与不肖敬

---

① 章如愚：《山堂（群书）考索》续集卷36《台谏》，文津阁《四库全书》子部311册，第302页上栏，商务印书馆影印本。

② 《汉书》卷83《薛宣传》，中华书局1962年标点本，第3387页。

③ 《汉书》卷19上《百官公卿表上》，中华书局1962年标点本，第725页。

④ 《后汉书》志28《百官志五》，中华书局1965年标点本，第2430页。

⑤ 《汉书》卷72《鲍宣传》，中华书局1962年标点本，第3086页。

⑥ 《汉书》卷74《魏相传》，中华书局1962年标点本，第3134页。

之如一……州中清平。①

（徐璆）迁荆州刺史。举奏（董太后姊子张）忠臧余一亿……又奏五郡太守及属县有臧污者，悉征案罪，威风大行。②

（王龚）迁青州刺史，劾奏贪浊二千石数人……③

刺史秩仅六百石，监临二千石之上，能如此威风大行，确有其特殊原因。

首先，在集权制度下，皇帝处于金字塔式官僚机构的顶端。一切官吏的权力，均源于皇帝。刺史为皇帝委派，作为皇帝的心腹、耳目出巡地方，尽管秩卑，仍可监临二千石之上。而且，刺史行使监察权，实际上是皇权在地方的延伸。这种权力行使的方向是垂直向下的，不可能受到来自反方向的制约。这一点我们可以从刺史在行使其监察权的具体过程就可以看出。《后汉书·第五伦附曾孙种传》曰：“（种）迁兖州刺史。中常侍单超兄子匡为济阴太守，负势贪放。种欲收举，未知所使。闻从事卫羽素抗厉，乃召羽具告之。……羽出，遂驰至定陶，闭收匡宾客亲吏四十余人，六七日中，纠发其赃五六千万。种即奏匡，并以劾超。……州内震栗，朝廷嗟叹之。”④ 据此可知刺史在对郡守进行监察先由从事等部属对其宾客亲信拘禁审讯，收集罪证，然后劾奏。单超助桓帝除掉权臣梁冀，深得皇帝器重。然而此事中即便其侄单匡宫中有奥援，但也无能为力，其他则可推知。所以，在这种监察程序中，郡守只能待罪受命，

---

① 《汉书》卷86《鲍宣传》，中华书局1962年标点本，第3482页。

② 《后汉书》卷84《徐缪传》，中华书局1965年标点本，第1620—1621页。

③ 《后汉书》卷56《王龚传》，中华书局1965年标点本，第1818页。

④ 《后汉书》卷41《第五伦附曾孙种传》，中华书局1965年标点本，第1404页。

而无对刺史的监察行为提出异议和申诉的权利。[①] 刺史若陷郡守入罪，还是大有机会可乘。这就是为什么刺史一出场，那些权重一方的郡守，不得不俯首听命的原因所在。

其次，刺史职权明确，职责单一。刺史监临一州，负监察二千石全责，而无其他机构掣肘；刺史只行监察，无其他政务牵扯精力。因此刺史可以集中全力，放手独行。

还有，刺史虽秩卑，但却赏厚。所以刺史能放手纠劾，以求功利。《汉书·朱博传》称："刺史奉使典州，督察郡国，吏民安宁。故事，居部九岁举为守相，其有异材功效著者辄登擢，秩卑而赏厚，咸劝功乐进。"[②]

刺史雷厉风行进行监察，事实上常使郡守畏首畏尾，难于正常行使权力。西汉后期，就出现了这种现象。哀帝时丞相王嘉上疏："司隶、部刺史察过悉劾，发扬阴私。吏或居官数月而退，送故迎新，交错道路。中材苟容求全，下材怀危内顾，壹切营私者多。二千石益轻贱，吏民慢易之……以守相威权素夺也。"[③] 从王嘉的话我们看出，刺史制度设立后，武帝时郡守权力过重的情况已有显著改变。

在专制制度下，皇权的统治主要依赖对政权、军权、财权的控制。这种控制只能通过皇帝对官僚机构、即对每一级官员的控制才能达到。从行政角度看，皇帝对官吏的控制，最主要的是掌握各级官吏的任免权。有了这种权力，皇帝可以让忠于自己的人出任长吏，

① 刺史对郡守进行监察过程还可参见《后汉书·桥玄传》《史弼传》等。
② 《汉书》卷83《朱博传》，中华书局1962年标点本，第3406页。
③ 《汉书》卷86《王嘉传》，中华书局1962年标点本，第3490页。

也可将不服从及违犯自己意愿或法令的官员黜免，以保证整个官僚机构按照他的意志去运转，从而实现对整个国家的统治。这种任免权之所以得到人们的服从，因为它是以利益和强制力为基础的。在古代社会，政治权力是和经济等利益紧密结合的。对那些担任官吏的人来说，在位及升迁，就意味着地位、财富、荣誉；黜免罢官，则只能是卑贱、贫困甚至是牢狱之灾、杀身之祸。所以。尽管有人视仕途为畏途，但更多的人则为自身利益所驱使，鱼雁成行地拜倒在皇帝权力面前。

另一方面，一切官吏的任命，均须出自皇帝。此种名分一定，自然不能例外。而敢于自立者，即为叛逆，强大的军队必要征之讨之。所以这种任免权是“国之柄”①，不外假，不下移。皇帝握有它，即可运天下于股掌之上。

皇帝这个权力在运用上也常遇到问题。他个人不可能对庞大官僚机构中众多官吏进行考察，以随时撤换那些不称职者。因此，一个直接从属于君主专门以考察各级吏史为职责的组织——监察机构就适应这一需要而产生。从前面举例中可以看出，刺史的活动是和皇帝行使任免权直接联系在一起的。这一方面使郡守慑服于刺史的威权之下，同时也就加强了中央对地方的控制。

自秦汉以后，监察机构一直起着打击那些违犯国家法度、危害国家利益官吏的作用。它也是中央控制地方的一个有力工具。②

① 《三国志》卷9《夏侯玄传》，中华书局1975年标点本，第295页。

② 地方监察制度的完善与否与中央集权盛衰有密切关系。以汉、唐历史为例，汉代刺史、唐前期的按察吏制度较为健全，中央集权也就强大。魏晋南北朝时期，地方监察机构形同虚设，中央集权也呈衰落状态。

第三节 刺史制度的演变

汉武帝设刺史监察地方后，刺史制度并非一直按武帝所设计的模式运转，而是逐步发生演变。刺史制度演变直接造成了地方行政体制的变化。这一变化过程可用图表示如下：

（1）

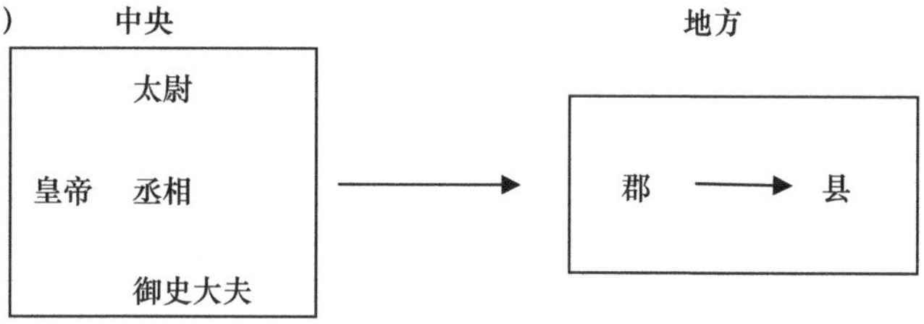

（2）

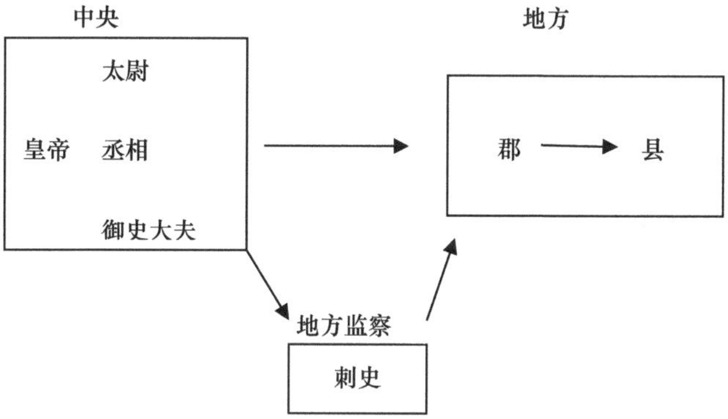

（3）

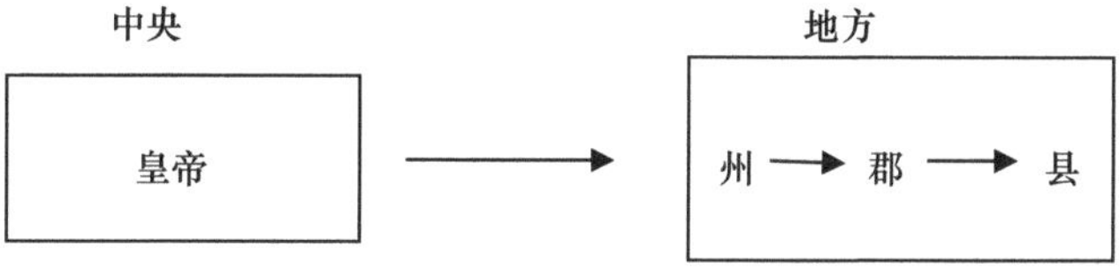

图（1）表示武帝设立刺史前地方制度的情况；

图（2）是设立刺史后的情况；

图（3）是东汉末的情况。箭头代表机构之间的领属关系。

正如图表显示的那样，刺史制度在演变过程中，由中央派出的监察机构变为地方行政机构，刺史也由专司监察官吏变为郡守之上的地方最高行政长官。刺史制度如何在长达三百年时间一步步演变，严耕望《秦汉地方行政制度》、安作璋、熊铁基《秦汉官制史稿》等书有较为详细的论述，可参看。这里仅对刺史制度为什么由监察机构变为行政机构的原因进行讨论。

刺史作为监察官，它的职权仅限于监察。当它作为行政长官时，职权范围要扩大许多。宋人章如愚早就指出这一点：

> 初，汉置刺史①以察郡国，秩不过六百石。汉成帝时遂更为牧，秩中二千石。则常一变矣。时奏劾二千石长吏者，皆下三公，遣吏按验实，然后黜退。及光武即位，不复委任三府，故权在州牧，废置自由，则又变矣。其始以六条诏察过失者，其后乃与赋政治民之事，则又一变也。始则传车周流，后乃更为重镇，争据土地，则又一变也。愈变愈重。至于东都之末，方镇之形已成。②

这段话大体概括刺史权力逐渐扩大的过程。刺史权力扩大源于两个方面：侵夺郡守之权与朝廷赋予有关权力。

刺史侵夺郡守之权的记载很多。鲍宣为豫州牧“举错烦苛，代二千石署吏听讼”③。薛宣在成帝时上疏指出：“吏多苛政，政教烦

---

① 原文为“郡守”，误。应为“刺史”，迳改。

② 章如愚：《山堂（群书）考索》续集卷37《郡守》，文津阁《四库全书》子部311册，第305页上栏，商务印书馆影印本。

③ 《汉书》卷72《鲍宣传》，中华书局1962年标点本，第3086页。

碎，大率咎在部刺史，或不循守条职，应举错各以其意，多与郡县事。”[①] 汉代刺史秩六百石，[②] 仅相当于最低一级县令。却能代二千石听讼，多参与郡县政事，主要是由于刺史的监察活动直接影响郡守的罢黜。这种影响西汉时就已存在了。《汉书·王嘉传》云：“司隶、部刺史察过悉劾，发扬阴私，吏或居官数月而退，送故迎新，交错道路。”[③] 东汉光武又废除了刺史劾奏郡守须经“三府案验”的制度。朱浮指出，这样的结果只要刺史对郡守“有所劾奏，便加免退，覆案不关三府，罪遣不蒙澄察。……故群下苛刻，各自为能”[④]。郡守的去留简直决于刺史之口。刺史在郡守任免上举足轻重的作用，产生了两方面的效应：一方面，郡守为自守计，只能拱手退让，凭刺史侵夺权力；另一方面刺史也不断削弱朝廷对郡守的任命权。刺史在这方面影响越大，朝廷对郡守的直接控制力就越小，而刺史也逐渐由中央官员向地方官转化。

刺史不断侵夺郡守的权力与朝廷对刺史的监督存在缺陷也有重要关系。刺史本奉六条察郡，超出这一范围，即属违法。尽管我们也能看到一些刺史因违犯诏条而受到纠劾的事例，但更多的违法事例却没有得到纠正。不然，就不会发展到刺史“多与郡县事”的局面。这与刺史所受到的监督只是来自上面有重要关系。负责监察刺史的御史中丞深居朝中，虽有侍御史的协助也不可能对散处各地刺史活动了如指掌；而受刺史监察的郡守又不能对刺史监察活动提出

---

① 《汉书》卷83《薛宣传》，中华书局1962年标点本，第3386页。

② 两汉刺史秩级有变化。始则六百石，元帝时改称牧，秩二千石。成帝时又改回去。王莽时改牧，东汉后期又改为刺史。东汉末，州牧刺史并置。

③ 《汉书》卷86《王嘉传》，中华书局1962年标点本，第3490页。

④ 《后汉书》卷33《朱浮传》，中华书局1965年标点本，第1143页。

异议，故刺史不可能受到有效的监督。刺史违犯诏条、滥用权力的情况只能有增无减。这是专制权力的特点所决定的。

刺史权力逐渐扩大的另一个原因，是皇帝经常赋予刺史处理地方事务的权力。刺史是皇帝控制地方的工具。他既可用这个工具去监督郡守，也可让这个工具去执行其他政务。东汉时期社会矛盾加深，皇帝往往派刺史处理一些地方的社会问题。略举数例如下：

> （永元八年）九月，京师蝗。吏民言事者，多归责有司。诏曰："……刺史、二千石详刑辟，理冤虐，恤鳏寡，矜孤弱，思惟致灾兴蝗之咎。"①
>
> （永元十年）诏曰："堤防沟渠，所以顺助地理，通利壅塞。……刺史、二千石其随疏导。"②
>
> 诏："益州刺史罢子午道，通褒斜路。"③
>
> 诏司隶校尉、部刺史曰："蝗灾为害，水变仍至，五谷不登，人无宿储。其令所部郡国种芜菁以助人食。"④

东汉中叶以后，内地民变、边地少数民族起事不断。规模之大，又非一郡兵所能平定。因此刺史又得统兵治军之权。

> （永初四年）"海贼张伯路复与勃海、平原剧贼刘文河、周

---

① 《后汉书》卷4《和帝纪》，中华书局1965年标点本，第182页。
② 《后汉书》卷4《和帝纪》，中华书局1965年标点本，第184页。
③ 《后汉书》卷6《顺帝纪》，中华书局1965年标点本，第251页。
④ 《后汉书》卷7《桓帝纪》，中华书局1965年标点本，第299页。

文光等攻厌次，杀县令，遣御史中丞王宗督青州刺史法雄讨破之。”①

（永建元年）“告幽州刺史，令其缘边郡增置步兵，列屯塞下。”②

东汉末年，刺史更是纷纷招募军队镇压黄巾起义而后即变成割据一方的军阀。

刺史制度的演变，也有行政管理上的原因。从行政机构设置的角度看，上级机关管辖机构的多少与工作效率有密切关系。所辖机构少，效率就高。反之，效率就低。秦有郡四十，西汉武帝时郡国百余，已增加两倍半。当时交通、信息传递与处理技术落后状况没有改变的情况下，比起秦来，这会给汉在地方政权的管理上带来问题。秦郡设监御史一人监郡，汉若循秦制，只能给管理上带来更多的不便，所以武帝通过设立州的办法来解决这一问题。全国分为十三州部，州区域虽大，但作为监察区，不会产生汉初行政区大难于控制的问题。百余郡国由十三部刺史分别监察，既便于对刺史的管辖，又在一定程度上改善了因郡众多而引起管理控制上的难度。东汉时期，地方上的灾害、水利兴修、民变等往往是一郡乃至涉及数郡，刺史被赋予一州之内的治民统军之权，更是出于行政上的需要。

刺史制度的演变，还与地方豪强势力发展，有密切关系。这一点我们可以从刺史有辟除与选举权上加以说明。

刺史初设，没有掾属。朝廷仅规定“刺史得择所部二千石卒史

① 《后汉书》卷5《安帝纪》，中华书局1965年标点本，第214页。
② 《后汉书》卷6《顺帝纪》，中华书局1965年标点本，第253页。

与从事”[①]，即刺史可以抽调郡守的属吏协助自己履行职责。西汉“元帝时，丞相于定国条州大小为设吏员：治中、别驾、诸部从事，秩皆百石。”[②] 刺史有了正式辟除权。按汉制，担任地方的刺史郡守及县令长，要严格回避本籍，而他们的掾属照例须用本地人。《日知录》卷八《掾属》条云：“《古文苑》注王延寿《桐柏庙碑》人名，诸掾属皆乡人，可考汉世用人之法。……盖其时惟守相命于朝廷，而自曹、掾以下，无非本郡之人。故能知一方之人情而为之兴利除害。”[③] 而能知“一方人情”的，自然要首推那些当地的大姓豪强。汉代郡守治郡，“所至必聘其贤士”，“接待下吏，恩施甚厚”[④]。刺史理州当然不能例外。

刺史还可举茂才。西汉时武帝曾令州举茂才，但非常制。东汉初年州岁举茂才已成定制。刺史的选举权还不止如此，还可对郡守的察举施加影响。《汉书·何武传》云：“初，武为郡吏时，事太守何寿。寿知武有宰相器，以其同姓故厚之。后寿为大司农，其兄子为庐江长史。时武（以扬州刺史）奏事在邸。寿兄子适在长安。寿为具召武弟显及故人杨覆众等，酒酣，见其兄子曰：‘此子扬州长史，材能驽下，未尝省见。’显等甚惭，退以谓武，武曰：‘刺史古之方伯。上所委任。一州表率也。职在进善退恶，吏治行有茂异，民有隐逸，乃至召见。不可有所私问。’显、覆众强之。不得已召

---

① 《汉书》卷76《王尊传》注引《汉仪注》，中华书局1962年标点本，第3227页。

② 李昉：《太平御览》卷263引应劭《汉官仪》，中华书局1985年影印本，第1230页上栏。

③ 顾炎武：《日知录》卷8《掾属》，文津阁《四库全书》子部284册，第94页中栏，商务印书馆影印本。

④ 《汉书》卷76《韩延寿传》，中华书局1962年标点本，第3211页。

见，赐卮酒。岁中，庐江太守举之。（师古注曰：终得武之助力也。）”[①] 何武只是见了此人（何寿兄子）一面，庐江太守就在选举上给予了关照，可以说一州之内的选举权多操于刺史之手。

刺史辟除和选举地方大姓，给大姓豪强势力的发展提供了机会，也给刺史权力的扩大带来影响。刺史辟除大姓为掾属，使他们得以跨出县、郡区域，在更大的范围内扩展势力。《后汉书·桥玄传》称："玄少为县功曹。时豫州刺史周景行部到梁国。玄谒景，因伏地言陈相羊昌罪恶，乞为部陈从事，穷案其奸。景壮其意，署而遣之。玄到，悉收昌宾客，具考赃臧罪。……昌坐槛车征。玄由是著名。举孝廉，补洛阳左尉……（后）迁司空……拜尚书令……迁太尉。”[②] 桥玄祖上以通经著名，父、祖皆为太守，为当地大族。他通过当部从事而著名州郡，被察举，成了朝廷命官，直至进入朝廷中枢。辟除和选举权给了刺史扩张州内的威权。所以，刺史权力不断扩大的过程也就是地方大姓豪强发展势力的过程。东汉后期，这些地方社会势力已经控制了地方政权。这给刺史制度的演变带来分离、分裂倾向特别突出的特点。

总之，由于以上种种原因，刺史制度不可避免地发生演变。当刺史制度逐渐演变、造成地方权力愈来愈重的情况下，中央对刺史的控制却越来越松弛。

本来，“助督录诸州事”的丞相司直，由于武帝以后相权的不断削弱，它的作用也就大大降低了。东汉初年，丞相的职权已为尚书台所夺。故建武十一年（35）省司直。而御史中丞的作用也因职权

① 《汉书》卷86《何武传》，中华书局1962年标点本，第3483—3484页。
② 《后汉书》卷51《桥玄传》，中华书局1965年标点本，第1695页。

的变化而受到削弱。武帝设立中朝后，御史大夫之权渐移于尚书。东汉时，御史大夫改称司空，虽为三公，备位而已。御史中丞此时则成为独立的监察官——御史台主，但实际权力已大不如前。《山堂（群书）考索》续集卷三六《台谏》云："武帝以中丞之官不甚周密，于是始置中书，居中受事。又署诸吏，居中举不法。……中丞之职既分，则内而侍御史，外而部刺史，其职皆弛而不振。"① 东汉时，管理刺史的中央机构只有尚书台的"主岁尽考课诸州郡政"的三公曹了。②

东汉朝廷对刺史控制的松弛与东汉政治形势有关系。光武帝鉴于西汉末强臣篡权，"矫枉过直，政不任下。虽置三公，事归台阁"③。明、章二帝继续执行这一政策，损抑三公、防范外戚，使尚书台成为决策和政务中心，以加强皇权。而地方上"二千石长吏多不胜任"④，大姓兵长雄踞乡里，地方秩序不稳。刺史是皇帝控制郡国的有力工具。光武诸帝要借重这个工具，必然将监督刺史的措施松绑（如取消"三公复验"制度等等），另一方面赋予刺史更多的权力。这种情况下，朝廷控制刺史强有力的措施也就难以出现。和帝以后，外戚、宦官交替专权。政局纷纭扰攘，削弱了尚书台的中枢地位。⑤ 在皇权受到削弱的情况下，只能任由刺史不断坐大。

---

① 章如愚：《山堂（群书）考索》卷36《台谏》，《四库全书》子部311册，第300页下栏，商务印书馆影印本。

② 《通典·职官五》卷23，中华书局1984年影印本，第138页上栏。尚书台对刺史的考课是通过上计。东汉上计流弊很大。这种制度对刺史很难产生大的约束力。另外，从中央对地方的控制力来说，考课远抵不上监察机构的作用。东汉曾派侍御史巡行州郡，也曾令三公举奏不法刺史，但于整个大局无补。

③ 《后汉书》卷49《仲长统传》，中华书局1965年标点本，第1657页。

④ 《后汉书》卷33《朱浮传》，中华书局1965年标点本，第1141页。

⑤ 陈琳国：《魏晋南北朝政治制度研究》第一章，博士学位论文，北京师范大学，1986年。

刺史本是中央为控制地方设置。州变为地方一级行政机构后，刺史反而成为与朝廷对抗的更强大的地方权力了。东汉末年，统治阶层纷争大大削弱了朝廷的统治实力。地方州郡牧守一变成为割据势力之后，中央政权竟毫无招架之力。

第二章

刺史的地方化

东汉时期，刺史不断侵夺郡守之权，朝廷亦根据实际需要，赋与刺史种种重要权力。汉末地方动乱不已，刺史成为朝廷倚重靖定一方之乱的重要力量。董卓之乱，刺史制度终于完成了地方化的过程，成为郡之上一级地方行政机构。曹操在统一北方过程中，承认了刺史制度这一变化。刺史由于能够统军治民，集中更多的财力物力，对于曹操创基、构筑魏业起了重要作用。

第一节　汉魏之际刺史的地方化

刺史由监察官变为地方官，有一个量变的积累到质变的过程。上一章所述刺史权力不断扩大，就是这种量变的过程。刺史性质的根本改变，是在中平五年（188）刘焉建议设州牧之后。《后汉书·刘焉传》云："时灵帝政化衰缺，四方兵寇，焉以刺史威轻，既不能禁，且用非其人，辄增暴乱。乃建议改置牧伯，镇安方夏。清选重臣，以居其任。……会益州刺史郗俭在政烦扰，谣言远闻，而并州刺史张懿、凉州刺史耿鄙并为寇贼所害，故焉议得用。出焉为监军使者、领益州牧，太仆黄琬为豫州牧，宗正刘虞为幽州牧，皆以本秩居职。州任之重，自此而始。”① 关于此事对于刺史转变为地方官的重要作用，我们可以从以下三方面加以分析。

第一，刘焉提出改刺史为牧伯，是为镇安方夏、靖定一方之乱。刘焉的这个理由并非没有依据。汉末地方动乱频频发生，往往连及数郡。太守凭一郡之力已不足应付这一局面，刺史可以担负起这一职责。《后汉书·贾琮传》云：“中平元年（184），交趾屯兵反，执刺史及合浦太守，自称‘柱天将军’。灵帝特敕三府精选能吏。有司举琮为交趾刺史。琮到部，讯其反状，咸言赋敛过重，百姓莫不空单，京师遥远，告冤无所，民不聊生（自活），故聚为盗贼。琮即移书告示，各使安其资业。招抚荒散，蠲复徭役，诛斩渠帅为大害者，简选良吏试守诸县，岁间荡定，百姓以安。”② 观贾琮在交趾所为，皆是理政治民之事，而非昔日以六条察郡的那种角色了。这样的事还有一例。中平元年黄巾起义爆发。在镇压黄巾起义中，皇甫嵩功劳最大。他在镇压张梁、张宝后，朝廷拜嵩“为左车骑将军、领冀州牧。嵩奏请冀州一年田租，以赡饥民，帝从之。百姓歌曰：‘天下大乱市为墟，母不保子兮妻失夫，赖得皇甫兮复安居。’”③ 冀州是黄巾军主力活动的地区，经济破坏大。皇甫嵩在镇压黄巾军之后领冀州牧，其主要职责当然不会是督察郡县，而是安邦治民。故百姓歌曰“赖皇甫兮复安居”。可见，汉末刺史已经担负起靖定一方之乱、安邦治民的重要职责。在刘焉建议之前这只是个别例证。刘焉

---

① 《后汉书》卷75《刘焉传》，中华书局1965年标点本，第2431页。

② 《后汉书》卷31《贾琮传》，中华书局1965年标点本，第1111—1112页。

③ 《后汉书》卷71《皇甫嵩传》，中华书局1965年标点本，第2302页。

建议之后，朝廷将镇安方夏、理政治民作为州牧的职责，这实际上已将州牧、刺史作为地方行政官员派驻地方。

第二，刘焉建议朝廷用“重臣”出任州牧，使这一职务的地位大为提高。刺史秩本六百石，地位不及大县之令。任虽重而秩卑。刘焉建议后，“朝廷遂从焉议，选列卿、尚书为州牧。各以本秩居任”①。胡三省注曰：“列卿，秩中二千石，尚书，秩六百石耳。东都以后，尚书职任重于列卿。”②

第三，灵帝以朝廷重臣出任州牧，必定给予他们一些重要权力。《三国志·蜀志·刘焉传》注引《汉灵帝纪》曰：“帝引见焉，宣示方略，加以赏赐，敕焉为益州刺史（按，应为州牧）：‘前刺史刘隽、郤俭皆贪残放滥，取受狼藉，元元无聊，呼嗟充野，焉到便收摄行法，以示万姓。勿令漏露’”③，云云。“宣示方略”，使刘焉握有“收摄行法”的具体内容不详。但可推知，一定给予了刘焉整饬益州的一些重要权力。刘焉到后，利用这一权力“托他事杀州中豪强王咸、李权等十余人，以立威刑”④。范晔所云“州任之重，自此而始”，除朝廷选清名重臣为州牧这一层含义外，还应包括州牧出镇地方，拥有比原刺史职责更多更大的权力。

朝廷接受刘焉的建议，以州牧出镇地方。据史籍所载，当时得以为州牧的只有三几人。其他则仍应为刺史。这些刺史朝廷并未授与他们一方赋政治民之权。他们的身份，尚不是郡守之上的地方官。陈寿云：“自汉季以来，刺史总统诸郡，赋政于外，非若曩时司察之

---

① 《资治通鉴》卷59灵帝中平五年，中华书局标点本1976年版，第1888页。
② 《资治通鉴》卷59灵帝中平五年，中华书局标点本1976年版，第1888页。
③ 《三国志》卷31《刘焉传》，中华书局1975年标点本，第866页。
④ 《三国志》卷31《刘焉传》，中华书局1975年标点本，第867页。

而已。”①《后汉书·百官志五》注引“臣昭曰”引西晋太康初武帝一诏书曰：“上古及中代，或置州牧，或置刺史，置监御史，皆总纲纪，而不赋政。治民之事，任之诸侯郡守。昔汉末四海分崩，因以吴、蜀自擅，自是刺史内亲民事，外领兵马。此一时之宜尔。”②综合上述两说，可知汉末刺史的职权为统兵总郡，赋政治民，与以前刺史在职权上已有根本的不同。这应该是刺史作为地方行政长官和作为监察官的不同。陈寿和司马炎都认定刺史由监察官变为地方行政长官是在汉末，其具体时间则未予指明。如果将统兵总郡、赋政治民作为刺史已地方化的标志。那么我们就可以确切指出这一转变的具体时间。

董卓之乱使东汉王朝政治统治秩序大坏。各地州牧刺史凭借已有之威权，特别是在镇压黄巾起义中取得的领兵之权，使之成为本州或更大的范围内的真正统治者。他们有的拥兵自重，有的则互相攻伐，还相吞灭。为使郡县能够服从政令，刺史纷纷改易郡县守令。兖州刺史刘岱与东郡太守桥瑁相恶，“岱杀瑁，以王肱领东郡太守”③。公孙瓒攻冀州，冀州诸城多叛袁绍从瓒。公孙瓒“悉改置郡、县守、令”④。曹操为兖州刺史，以程昱守寿张令，以吕虔领泰山太守，等等。他们施政于州内，治民严酷。如袁绍在冀州，使“豪强擅恣，亲戚兼并；下民贫弱，代出租赋。衒鬻家财，不足应命”⑤。袁谭在青州，“使两将募兵下县，有赂者见免，无者见取，

---

① 《三国志》卷15《评曰》，中华书局1975年标点本，第487页。
② 《后汉书》志28《百官志五》，中华书局1965年标点本，第2620页。
③ 《三国志》卷1《武帝纪》，中华书局1975年标点本，第8页。
④ 《资治通鉴》卷60献帝初平二年，中华书局1976年标点本，第1926页。
⑤ 《三国志》卷1《武帝纪》，注引《魏书》，中华书局1975年标点本，第26页。

贫弱者多，乃至窜伏丘野之中，放兵捕索，如猎鸟兽”①。总之，在董卓之乱后，作为地方官的统兵总郡、赋政治民这几个主要特征，当时的州牧刺史都已具备了，也就是说州成为郡之上一级地方行政机构，刺史成为郡守之上的地方行政长官这一转变的完成，是 190 年董卓之乱时。

综上所述，自西汉立刺史制度之后，刺史的权力不断扩大，作为中央派出监察官的刺史也出现了地方化的趋势。东汉后期，由于地方动乱规模很大，凭一郡之力往往不能靖定，刺史却能起到郡守所无法起到的作用。188 年朝廷接受刘焉建议，以重臣为州牧出镇地方，是刺史制度演变最后阶段的关键一步。两年后，董卓之乱爆发，这一演变终于完成。州、郡、县三级地方行政体制得以影响了整个魏晋南北朝时期。

州演变为地方行政机构，是中央统治权力崩解的情况下出现的。在这一演变过程中，州牧刺史既握有军、政、财大权，又有广土众民，实力相当雄厚。所以这一演变也就造成了数强并峙、军阀混战、割据动荡的局面。南朝刘昭在论述这段历史时，指责汉灵帝接受刘焉建议，虽“大建尊州之规，竟无一日之治。故焉牧益土，造帝服于岷、峨；袁绍取冀，下制书于燕、朔；刘表荆南，郊天祀地；魏祖据兖，遂构皇业；汉之殄灭，祸源于此”②。将汉之灭亡完全归结为以重臣为州牧出镇地方，显然与历史事实不符。但汉灵帝在中央集权已经大为削弱的情况下，企图用加强地方权力的办法来稳定王

① 《三国志》卷 9《袁绍传》注引《九州春秋》，中华书局 1975 年标点本，第 196 页。

② 《后汉书》志 28《百官志五》注引“臣昭曰”，中华书局 1965 年标点本，第 2620 页。

朝统治，这无疑是造成董卓之乱、军阀混战、汉王朝迅速灭亡的重要原因。

第二节　刺史的职权

一　领兵权的制度化

董卓之乱后，刺史皆有领兵治民之权。曹操承认了刺史作为郡守之上的行政长官这一既成事实，刺史已取得的那些权力也就得以保留。但是，在建安年间，刺史领兵之权有个制度上的变化。

《三国志·魏志·司马朗传》云："入为丞相主簿。朗以为天下土崩之势，由秦灭五等之制，而郡国无蒐狩习战之备故也。今虽五等未可复行。可令州郡并置兵，外备四夷，内威不轨，于策为长。……然州郡领兵朗本意也。"[①] 曹操为丞相在建安十三年。司马朗入为丞相主簿至早应在本年。若据此条史料，则在建安十三年（或更晚）以前在曹操统治区域州郡不领兵。[②] 但细察史料，这样理解司马朗的话尚有可斟酌之处。

据史书所记，建安十三年以前，曹操统治区域，州、郡都有领兵的例子。

《三国志·魏志·吕虔传》："太祖以虔领泰山太守。郡接山海，世乱。闻民人多藏窜。袁绍所置中郎将郭祖、公孙犊等数十辈，保山为寇，百姓苦之。虔将家兵到郡，开恩信，祖等党属皆降服，诸

---

① 《三国志》卷15《司马朗传》，中华书局1975年标点本，第467—468页。

② 唐长孺：《魏晋州郡兵的设置和废罢》，载《魏晋南北朝史论拾遗》。中华书局1983年版。

山中亡匿者尽出安土业。简其强者补战士，泰山由是遂有精兵，冠名州郡。”① 泰山属兖州。曹操使吕虔经略泰山，当是距他得兖州不会太远。从“袁绍所置中郎将”等语看，泰山有郡兵之事不会晚过建安八年。吕虔大概属地方豪强一类，故他有家兵。曹操任命他为泰山太守，泰山郡兵也就是以他的家兵为基干。这样的例子还有：

《三国志·魏志·臧霸传》：“太祖以霸为琅邪相，(吴)敦利城、(尹)礼东莞、(孙)观北海、(孙)康城阳太守……时太祖方与袁绍相拒，而霸数以精兵入青州，故太祖得专事绍，不以东方为念。”②

《通鉴》记臧霸为琅琊相事在建安三年。臧霸数以精兵入青州事在建安四年。臧霸等为地方豪强，归降曹操之前已收聚兵众活动在青、徐一带。曹操任命臧霸等为郡守，其所将之兵实即他们的家兵。

广陵也有郡兵。吕布据徐州后遣陈登为使至许。曹操即与陈登定谋。“以登为广陵太守，令阴合众以图吕布。……太祖至下邳，登率郡兵为军先驱。……布既伏诛，登以功加拜伏波将军。孙策遣军攻登于匡琦城。贼初到，旌甲覆水。群下咸以贼众十倍于郡兵，恐不能抗。可引军避之。”③ 曹操征吕布事在建安三年，孙策攻匡琦城事在建安五年。

河东亦有郡兵。建安十年，“太祖既定河北。而高干举并州反。时河东太守王邑被征，河东人卫固、范先外以请邑为名，而内实与干通谋。……(太祖)拜(杜)畿为河东太守。固等使兵数千人绝

---

① 《三国志》卷18《吕虔传》，中华书局1975年标点本，第540页。

② 《三国志》卷18《臧霸传》，中华书局1975年标点本，第537页。

③ 《三国志》卷7《吕布传附陈登传》注引《先贤传》，中华书局1975年标点本，第230页。

陕津，畿至不得渡”[①]。卫固是郡掾[②]，其所使之兵为郡兵自无疑问。

州兵也是存在的。《三国志·魏志·梁习传》云：“（建安十一年）并土新附，习以别部司马领并州刺史。时承高干荒乱之余，胡狄在界，张雄跋扈。吏民亡叛，入其部落。兵家拥众，作为寇害，更相煽动，往往棋峙。习到官，诱喻招纳，其不从命，兴兵致讨，斩首千数，降附者万计。”[③] 按《后汉书·百官志一》“将军”条云：“其别营领属为别部司马。其兵多少各随时宜。”[④] 梁习以别部司马领并州刺史，其所领之兵当是曹操配给之兵，故他能在并州刺史任上兴兵讨伐不从命者

建安二年，“时关中诸将马腾、韩遂等，各拥兵相与争。太祖方有事山东。以关右为忧，乃表（钟）繇以侍中守司隶校尉，持节督关中诸军。委以后事，特使不拘科制。繇至长安，移书腾、遂等，为陈祸福，腾、遂各遣子入侍”[⑤]。据《三国志·魏志·卫觊传》注引《魏书》所记，钟繇时求带兵三千入关。此点虽有疑问[⑥]，但钟繇有“持节督关中诸军”、“司隶校尉”，其带兵入关还是很有可能的。

还有一例。《三国志·魏志·刘馥传》云：“太祖方有袁绍之

---

① 《三国志》卷16《杜畿传》，中华书局1975年标点本，第494页。

② 《资治通鉴》卷64献帝建安十年：“郡掾卫固”云云。中华书局1976年标点本，第2062页。

③ 《三国志》卷15《梁习传》，中华书局1975年标点本，第469页。

④ 《后汉书》志24《百官一》，中华书局1965年标点本，第3564页。

⑤ 《三国志》卷13《钟繇传》，中华书局1975年标点本，第292—293页。

⑥ 《三国志》卷21《卫凯传》，中华书局1975年标点本，第611页。据《卫觊传》注引《魏书》所云，时钟繇带三千兵入关，“兵始进而关右大叛，太祖自亲征，仅乃平之，死者万计。”曹操亲征，死者上万，当是大战役。但《三国志·武帝纪》《钟繇传》《资治通鉴》皆不载此事。疑注引《魏书》所记有误。

难，谓馥可任东南之事，表为扬州刺史。馥既受命，单马造合肥空城，建立州治，南怀（雷）绪等，皆安集之，贡献相继。数年中恩化大行……又高为城垒……为战守备。建安十三年卒。”① 刘馥是单马赴任，经营数年之后，组织起武装才能“为战守备”。这支武装为刘馥所领，当是州兵。

据以上所举三例，是建安十三年以前，这三州刺史都领兵。尽管兵的来源有所不同。梁习、钟繇在赴任时应由曹操配给兵，而刘馥则是赴任后招募组织起来的兵。这说明，建安十三年以前，刺史也并非绝对不领兵。梁习、钟繇带兵赴刺史之任，也就可以视为州兵；刘馥在扬州刺史任上能“为战守备”，必定有兵。总之，建安十三年前，一些州刺史是有兵的，可能州兵正在形成中。

那么司马朗的那段话应该如何理解呢？如果把司马朗让州郡领兵的建议视作建安十三年之后作为一项制度化措施出现，那司马朗指出建安十三年以前州郡不领兵与事实上的矛盾也就可以解开了。

根据以上所述，建安十三年前后，曹魏州郡领兵问题可以概括如下：建安十三年前，曹操控制的地区一些地方尚未建立起稳定的统治秩序，存在着各种势力的武装。如吕虔为泰山太守，“郡接山海，世乱。……袁绍所置中郎将郭祖、公孙续等数十辈，保山为寇”②。刘馥任扬州，“孙策所置庐江太守李述攻杀扬州刺史严象。庐江梅干、雷绪、陈兰等聚众数万在江、淮间，郡县残破”③。此时州郡更需武备以“内威不轨，外备强敌”。但当时曹操与北方数强并

---

① 《三国志》卷15《刘馥传》，中华书局1975年标点本，第463页。
② 《三国志》卷18《吕虔传》，中华书局1975年标点本，第540页。
③ 《三国志》卷15《刘馥传》，中华书局1975年标点本，第463页。

立，兵力不敷。州牧郡守赴任，曹操或者只能配给少量兵，或使率家兵赴任，若赴任者无家兵、又无兵可派的情况下，只有单马赴任。像这样一种情况，当时可能不仅刘馥一例。也就是说，当时州郡有兵则领，无兵时则只能为“单车”刺史太守，制度上并无统一规定。建安十三年（或更晚）之后，州郡领兵作为一项制度化的措施加以推行。①

综上所述，曹魏时期，领兵始终是刺史一项重要的权力。有一种流行的看法以为，刺史领兵是魏晋南北朝一切分裂和阴谋叛乱的根源。② 就某个时期来说，这种说法不无根据。但就曹魏时期而言，刺史领兵对于中央控制地方却起了很重要的作用。（说详下）

二　行政治民权

州变为地方行政机构后，刺史得总领诸郡主持一州政务。诸如兴学教化、办理词讼、维护治安、排解郡之间政务纠纷、征发兵役、组织生产等等，刺史皆须掌管。从职权范围来看，这与郡守并无多少差异。

由于刺史掌管的区域大，在实际作用方面，差别很大。这里我们仅从刺史在组织生产上的作用加以分析。

曹魏时期。在刺史主持下，有不少较大规模的水利兴修工程。《晋书·食货志》云：“沛国刘馥为扬州刺史。镇合肥，广屯田。修芍陂、七门、吴塘诸堨，以溉稻田，公私有蓄，历代为利。”③《三

① 即使建安十三年之后，也并非所有州郡都领兵。此点唐长孺先生已经指出。参见唐长孺《魏晋州郡兵的设置和废罢》，载《魏晋南北朝史论拾遗》，中华书局1983年版。

② 王超：《我国封建时代中央与地方关系述论》，载《中国社会科学》1983年第1期。

③《晋书》卷26《食货志》，中华书局1974年标点本，第784页。

国志·魏志·贾逵传》云：贾逵为豫州刺史，“外修军旅，内治民事。遏鄢、汝，造新陂。又断山溜长溪水，造小弋阳陂。又通运渠二百余里，所谓贾侯渠者也。”①《晋书·食货志》又云：“魏明帝世，徐邈为凉州（刺史）。土地少雨，常苦乏谷。邈上修武威、酒泉盐池，以收虏谷。又广开水田，募贫民佃之，家家丰足，仓库盈积，及度支州界军用之余，以市金锦犬马，通供中国之费。西域人入贡，财货流通，皆邈之功也。”②

据以上所列史料，这些水利的兴修有三个特征：其一，刺史主持的这些水利工程规模都较大。如芍陂、七门堰等都是溉田数千乃至上万顷耕地，凭一郡之力往往难于办到。其二，多取得较好的效果。扬州“公私有蓄”，凉州“家家丰足，仓库盈积”。其三，由于这些水利工程规模较大，刺史在主持修建时，必多方谋划，故修成后不仅当时有益，而且“历代为利”。如刘馥主持所修之七门堰，就是如此。《太平寰宇记》卷一二六云：“七门堰在庐州庐江县南百一十里，刘馥修筑。断龙舒水灌田千五百顷。”③《三国志集解》引宋刘敞《七门庙记》曰：“嘉祐二年，予为庐州从事。始以事至舒城。观所谓七门三堰者。问其居人：‘其溉田几何?’对曰：‘凡二万顷。’考于图书，实魏扬州刺史刘馥所造。自魏迄今七百余岁云。”④

总之，在刺史主持下兴修的这些规模较大的水利，不但当时能

① 《三国志》卷15《贾逵传》，中华书局1975年标点本，第482页。

② 《晋书》卷26《食货志》，中华书局1974年标点本，第784—785页。

③ 乐史：《太平寰宇记》卷126，文津阁《四库全书》史部160册，商务印书馆影印本，第318页中栏。

④ 卢弼：《三国志集解》卷15，中华书局1982年影印本，第416页下栏—417页上栏。

取得很好的效果，并能长期发挥作用，这对于恢复当时受到严重破坏的社会经济、稳定一方社会秩序起到重要作用。

刺史组织生产上还有一个很重要的方面是组织屯田。前引《三国志·魏志·刘馥传》，刘馥在扬州“广屯田”；《徐邈传》云徐邈在凉州“广开水田，募贫民佃之”①；《温恢传》云：“是时诸州皆屯戍”②。可见刺史都主持本州的屯田事务。刺史主持的屯田应该与大司农主持的屯田是分属于两个不同系统。

大司农主持的屯田是国家经营的屯田。典农中郎将、典农校尉主持各地屯田事务，其屯田收益由大司农总管，支度国用，与刺史管理的屯田无关。

刺史主管的屯田是地方屯田。在州屯田上耕作的是州郡百姓及州郡士兵。州屯田的收益用于“支度州界军用”及州界内其他支出。刺史领兵，自然需要给养补充。在曹魏国家草创之际，地方军队自筹给养，势所必然。通过屯田，刺史可以筹集起比一郡之地更多更大的财力物力，组织起更多的军队，这对战争时期保境安民、抵御外来侵扰无疑具有重要的意义。

三　察郡权力的尾声

刺史制度初设，本是对地方的监察机构。察郡是刺史的本职。汉末，州已变为地方行政机构。刺史这一固有权力也已衰落。曹操时只有一点尾声了。《三国志·魏志·贾逵传》云：“（逵）为豫州刺史。时天下初复，州郡多不摄。（按，《通鉴》卷六九文帝黄初元

---

① 《三国志》卷27，中华书局1975年标点本，第740页。
② 《三国志》卷15，中华书局1975年标点本，第478页。

年条此句为“刺史多不能摄郡”①，语义为明）逵曰：‘州本以御史出监诸郡，以六条诏书察二千石以下。……今长吏慢法，盗贼公行，州知而不纠，天下复何取正乎！’……考竟二千石以下阿纵不如法者，皆举奏免之矣。帝曰：‘真刺史矣。’布告天下当以豫州为法。”② 从这段记载看，在文帝以前的建安年间刺史已多不行使其监察权了。贾逵欲重振其督察之权，故被文帝誉为“真刺史”，并布告天下刺史皆来仿效。但曹魏时期。刺史行使监察权的事例记载中并不多见。史籍中所能见到的只有两例。

《三国志·魏志·徐邈传》云：明帝“以邈为凉州刺史。弹邪绳枉，州界肃清”③。

《晋书·王濬传》：“州郡辟河东从事，守令有不廉洁者，皆望风自引而去。”④

第一例很明确是州刺史行使察郡权力。第二例王濬似是被州、（河东）郡辟为从事。刺史监郡可以从当地僚属中选人作为自己察郡的助手，从事往往是被选人之一。“守令有不廉洁者皆望风引去”，说明王濬是在协助刺史履行监察职能。

刺史察郡职能的衰落，根本原因在于州已成地方行政机构。官僚机器内部分工的一般原则是要求监察与行政应由不同机构分掌。曹魏时刺史职责已是统郡而非监郡。故曹丕虽布告天下以贾逵为法，却无法使刺史皆来仿效。这件事情只反映在历史上任何一个制度在转变性质之后，总是或多或少地保留一些以前的痕迹。

---

① 《资治通鉴》卷69文帝黄初元年，中华书局1976年标点本，第2181页。
② 《三国志》卷15，中华书局1975年标点本，第482页。
③ 《三国志》卷27，中华书局1975年标点本，第740页。
④ 《晋书》卷42《王濬传》，中华书局1974年标点本，第1207页。

总之，曹魏时刺史的主要职能是总统诸郡，行使察郡职责虽有，但已是偶然、个别的现象。西晋以后，这种情况就不复存在了。

第三节　刺史临郡与朝廷对地方控制的加强

一　刺史安定地方的作用

汉末董卓之乱后，刺史掌军政大权，朝廷无力控制，造成天下土崩、军阀混战的局面。曹魏时期，刺史仍掌一州军政之权。权力虽重，但在安定地方上起了重要作用。关键是朝廷是强是弱。朝廷权力衰落，刺史权重则造成割据分裂；朝廷权力强大，刺史有权则成为稳定地方的重要力量。

曹魏时期，刺史安定地方的作用表现在几个方面：

第一，刺史在御边上发挥了重要作用。刺史兼统军民，可以集中更多的人力物力，这在战争期间有重要意义。刘馥在合肥建立州治。经数年经营，组织起军队，“又高为城垒，多积木石，编作草苫数千万枚。益贮鱼膏数千斛，为战守备”①。后“孙权率十万众攻围合肥城百余日，时天连雨，城欲崩，于是以苫蓑覆之，夜燃脂照城外，视贼所作而为备，贼以破走。扬州士民益追思之，以为虽董安于之守晋阳，不能过也”②。刺史贾逵守豫州，亦是如此。豫州“南与吴接，逵斥明候，缮甲兵，为守战之备，贼不敢犯”③。

由于刺史统领相当规模的军队，如扬、豫、荆、雍等州刺史常

---

① 《三国志》卷15《刘馥传》，中华书局1975年标点本，第463页。
② 《三国志》卷15《刘馥传》，中华书局1975年标点本，第463页。
③ 《三国志》卷15，《贾逵传》，中华书局1975年标点本，第482页。

率州军随中央大军出征蜀、吴，成为对外战争中的重要力量。即使在都督制建立后，州军仍发挥着重要作用。明帝太和二年（228），扬州都督曹休率十万军攻吴，为吴所败。吴军断夹石，欲截曹休军归路。豫州刺史贾逵“乃兼道进军，多设旗鼓为疑兵。贼见逵军，遂退。逵据夹石，以兵粮给休，休军乃振。……夹石之败，微逵，休军几无救也”①。可见，在屏蔽边防、进取敌城方面，州军和都督军队（前身为屯留军）一样具有重要的作用。

第二，刺史在镇压反叛势力、建立稳固的地方统治秩序方面，发挥了十分重要的作用。《三国志·魏志·刘馥传》云：建安初年，“孙策所置庐江太守李述攻杀扬州刺史严象。庐江梅干、雷绪、陈兰等聚众数万在江淮间，郡县残破。太祖方有袁绍之难，谓馥可任以东南之事，遂表为扬州刺史。馥既受命，单马造合肥，建立州治，南怀绪等，皆安集之。贡献相继，数年之中，恩化大行。百姓乐其政，越江山而归者以万数”②。

梁习在并州也是如此。时“并土新附，习以别部司马领并州刺史。时承高干荒乱之余，胡狄在界，张雄跋扈。吏民亡叛，入其部落；兵家拥众，作为寇害，更相煽动，往往綦峙。习到官，诱谕招纳，……其不从命者，兴兵致讨，斩首千数，降附者万计。……边境肃清，百姓布野，勤劝农桑，令行禁止”③。汉末动乱中，兵家拥众，豪强擅恣，郡县弱者力不能敌。刺史却可凭其强大的军事实力予以剿抚，这对曹魏尽快建立地方统治秩序，作用很大。

---

① 《三国志》卷15，《贾逵传》，中华书局1975年标点本，第483页。
② 《三国志》卷15《刘馥传》，中华书局1975年标点本，第463页。
③ 《三国志》卷15《梁习传》，中华书局1975年标点本，第469页。

刺史有如此重要功用，曹魏对那些久乱不安的地区就通过设州来解决地方安定问题。建安时期，河西的武威、酒泉、张掖等地一直动荡不安。“是时不置凉州，自三辅拒西域，皆属雍州。”① 时雍州刺史驻关中，其主要精力是对付不时自斜谷而出的蜀汉军队。建安二十四年，曹操死，曹丕继王位。河西地区又酝酿一场新的动乱。曹丕遂置凉州，以邹歧为刺史。“西平鞠演结旁郡作乱以拒歧；张掖张进执太守杜通，酒泉黄华不受太守辛机，皆自称太守以应演。武威三种胡复叛。”② 这场叛乱很快平定。但是，黄初二年，“凉州卢水胡伊妓妾、治元多等反，河西大扰”③。曹丕以张既代邹歧为刺史，率军先讨。雍凉都督曹真遣军为后继，终于一举平定了这场叛乱。文帝特下诏褒扬张既，“诏曰：卿逾河历险，……此勋非但破胡，乃永宁河右，使吾长无西顾之念矣”④。曹魏的统治在河西由此大定。

归纳以上所述，州变为地方行政机构后，由于刺史总统诸郡，因此可以比郡守发挥更大的作用。一、它可以在更大的范围内兴修水利组织生产，恢复残破的社会经济。二、它在抵御外来侵袭上能发挥重要作用。三、它在稳定地方秩序上更具力量。

《三国志集解》卷十五《评曰》引钱仪吉曰：“此卷皆名刺史，下卷则名守也。各以类从。”⑤ 故《三国志》卷十五实可称为“刺史篇”。陈寿在本卷末评曰：“自汉季以来，刺史总统诸郡，赋政于

① 《三国志》卷15《张既传》，中华书局1975年标点本，第474页。
② 《资治通鉴》卷69文帝黄初元年条，中华书局1976年标点本，第2178页。
③ 《三国志》卷15《张既传》，中华书局1975年标点本，第474页。
④ 《三国志》卷15《张既传》，中华书局1975年标点本，第475页。
⑤ 卢弼：《三国志集解》卷15，中华书局1982年影印本，第433页上栏。

外，非若曩时司察之而已。太祖创基，迄终魏业，此皆其流称誉有名实者也。咸精达事机，威恩兼著，故能肃齐万里，见述于后也。”① 我们可以说，曹氏在建立、巩固其在北方集权统治时，刺史是起了重要作用的。

二 朝廷对刺史的控制

董卓之乱后，刺史与曹魏时期的刺史权力并无根本差别，但是造成的结果却是根本不同。曹魏的刺史能够起到加强中央集权统治的作用，最根本的在于中央有力量有措施可以控制刺史。

在古代和中世纪，人与财、兵与粮是一切统治的实力基础。曹操在董卓之乱后即组织起一支武装。以后破黄巾、招豪强，他的武装逐渐扩大。在统一北方过程中，曹操逐渐建立起一支直接统帅的强大军队。另一方面，曹操在开始他的统一兼并事业时，将大量的无主土地作为国家所有，以招募流民屯田的方式为封建国家提供大量的粮食。有了这一强大的实力，也就有了制服四方的基础。

除了这种实力基础外，曹魏能够控制刺史，还有几个重要的措施：

第一，曹魏极重刺史人选。汉末任州牧的刘焉、董卓之辈，皆为野心家。一旦大权在手，即窥伺皇位。曹操选拔刺史人选时格外用心。《三国志·魏志·温恢传》云：曹操以温恢为扬州刺史，称：“甚欲使卿在亲近，顾以为不如此州事大。故《书》云：‘股肱良

① 《三国志》卷15，中华书局1975年标点本，第487页。

哉，庶事康哉！’”[①] 这段话表明了两个意思：一是曹操视刺史为股肱，一是必欲使亲信为股肱。事实也正是如此。我们从《三国志》卷十五各《传》就可看出。刘馥，“司徒辟为掾，……表为扬州刺史。”[②] 司马朗，“入为丞相主簿，……迁兖州刺史”[③]。梁习“为（司空）西曹令史，迁为属。……以别部司马领并州刺史”[④]。张既“魏国既建，为尚书。出为雍州刺史”[⑤]。温恢，“入为丞相主簿，出为扬州刺史”[⑥]。贾逵“为丞相（曹丕）主簿祭酒，……为豫州刺史”[⑦]。从这些人出任刺史前的经历看，都曾为曹氏父子身边僚属。即是说，他们都经过曹氏父子从忠心和能力等方面经近距离考察后才被外放为各地刺史。这可以保证这些人出任刺史后虽有重权，但不生异心；事虽繁巨，却足以应付。曹丕即帝位后，这种办法成为选派刺史太守的定式。《三国志·魏志·崔林传》注引《魏名臣奏》，载安定太守孟达向文帝举荐涿郡太守王雄，认为王雄“才兼资文武，忠烈之性逾越伦辈”[⑧]，应该得到重用。文帝诏曰：“今便以（王雄）参骑之选，方使少在吾门下知指归，便大用之矣。天下之士，欲使皆先历散骑，然后出据州郡，是吾本意也。”[⑨] 这成为曹魏时期选用出据州郡官员的定式。

第二，曹操以法驭下。曹魏规定，不管是刺史太守、将帅军

---

① 《三国志》卷15《温恢传》，中华书局1975年标点本，第478页。
② 《三国志》卷15《刘馥传》，中华书局1975年标点本，第463页。
③ 《三国志》卷15《司马朗传》，中华书局1875年标点本，第467页。
④ 《三国志》卷15《梁习传》，中华书局1975年标点本，第469页。
⑤ 《三国志》卷15《张既传》，中华书局1975年标点本，第472页。
⑥ 《三国志》卷15《温恢传》，中华书局1975年标点本，第478页。
⑦ 《三国志》卷15《贾逵传》，中华书局1975年标点本，第482页。
⑧ 《三国志》卷24《崔林传》，中华书局1975年标点本，第679—680页。
⑨ 《三国志》卷24《崔林传》，中华书局1975年标点本，第680页。

校，除非特许，皆需按科条行事。曹魏“科网本密”①，而且“用法深重”②。虽曹氏宗亲亦不敢违犯。曹操从弟曹仁，“少时不修行检，及长为将，严整奉法令，常置科于左右。案以从事”③。这对刺史无疑具有很强的约束力。

第三，刺史演变为地方行政机构后，中央对地方的监督机构也就不复存在了。监察是中央控制地方、保证国家机器正常运转的重要权力。曹魏时能够对地方起到监察作用的是设立“校事”和“密奏”制度。

“校事”，始设于建安初年。时曹操为了控驭群下，设校事刺举监察。校事职权很大，军中、军外，中央、地方，官吏、平民都成为监察的对象。“校事刘慈等，自黄初数年以来，举吏民奸罪以万数。”④

“密奏”制度大约始于曹丕时期。西晋时有个太守密奏刺史的例子。《三国志·魏志·阎温传》注引《世语》云：“（张斅）晋武帝世为广汉太守。王濬在益州受中制募兵讨吴，无虎符，斅收从事列上，由此召斅还。帝责曰，‘何不密启便收从事?’斅曰：‘蜀汉绝远，刘备尝用之。辄收，臣犹以为轻。’帝善之。”⑤王濬时为益州刺史，受诏罢屯田兵造舟舰。别驾何攀以为屯田兵少，不足以应付大批造船的需要。因此他建议召郡兵万人。王濬没有上奏朝廷，即召郡兵，故无虎符。因此太守张斅认为王濬违制，收其从事。武帝

① 《晋书》卷30《刑法志》，中华书局1974年标点本，第927页。
② 《三国志》卷25《高堂隆传》，中华书局1975年标点本，第712页。
③ 《三国志》卷9《曹仁传》，中华书局1975年标点本，第276页。
④ 《三国志》卷24《高柔传》，中华书局1975年标点本，第685页。
⑤ 《三国志》卷18《阎温传》，中华书局1975年标点本，第684页。

责张斆以“何不密启”，说明当时太守可以“密奏”刺史。《通鑑》系此事为泰始八年。但这种密奏制度，应始于曹魏。

曹丕即位后，出于集权需要，除放纵校事告奸，还鼓励告密。“文帝践祚，……民间数有诽谤妖言。帝疾之，有妖言辄杀，而赏告者。……而相诬告者滋甚。”① 明帝仍鼓励告发。“时明帝喜发举。数有以轻微致大辟者。”② 史籍记载明帝时官员之间的相互密告数例：“时猎法甚竣。宜阳典农刘龟窃于禁内射兔。其功曹张京诣校事言之。（明）帝匿京名，收龟付狱。（高）柔表请告者名。帝大怒曰，‘刘龟当死，乃敢猎吾禁地。送龟廷尉，廷尉便当考掠，何复请告主者名。吾岂妄收龟邪?’”③ 廷尉高柔问告发者，是因当时僚属不得告发府主，即使情况属实，也要治罪。明帝匿张京名，显然是保护这种告密行为。还有一例。“初（汝南太守田）豫以太守督青州。青州刺史程喜内怀不服，军事之际，多相违错。喜知（明）帝宝爱明珠。乃密上‘豫虽有战功而禁令宽弛，所得器仗珠宝甚多，放散皆不纳官。’由是功不见列。”④ 所以，校事和密奏制度，对于中央控制地方太守和刺史，有重要的作用。

此外，曹魏还规定，出任外州郡的刺史、太守，要将妻子留在京师作为“质任”。这也是朝廷控制地方官员的一种重要手段。⑤

总之，曹魏时期尽管刺史手握地方军、民大权，但由于中央有

① 《三国志》卷24《高柔传》，中华书局2000年版，第411页。
② 《三国志》卷3《明帝纪》注引《魏略》，中华书局1975年标点本，第100页。
③ 《三国志》卷24《高柔传》，中华书局1975年标点本，第686—687页。
④ 《三国志》卷26《田豫传》，中华书局1975年标点本，第728页。
⑤ 《资治通鉴》胡三省注曰：“魏制，诸将出征及镇守方面，皆留质任。”（见卷76高贵乡公正始二年，中华书局1976年标点本，第2420页）何兹全师对此有深入分析，见《“质任”解》，载《食货》第1卷第8期，1935年3月。

力量和有效措施进行控制，刺史便成为镇守一方、整齐万里的工具。就一种地方制度而言，它能否起到加强中央集权的作用，取决于是否适应了君主加强统治的需要，也取决于它在运转过程中，君主能否进行有力的控制。

第 三 章

曹魏时期的都督制

都督制是魏晋时期实行的一项重要军事制度。它的建立、发展和演变，对当时中央和地方关系有重要影响。学界探讨都督制的建立，多从建安时期的政治、军事等方面入手，[①] 这无疑是正确的。但较少有人注意汉魏易代之际政治形势与都督制建立之关系。

曹丕代汉称帝，朝内要清除异己势力，朝外则需要解决地方形势不稳和防备吴、蜀借机出兵问题。都督制正是为解决朝外这些问题而设。司马氏专魏后，都督制曾出现一些变化。都督持节统兵，权力极重。由于朝廷控制都督甚严，故这一制度在魏晋时对于巩固中央集权及西晋统一起了重要作用。

第一节　都督制的建立与作用

一　都督制的建立

都督制是由建安年间的屯留军发展而来，这一点何兹全师在

---

① 陈琳国：《魏晋南北朝政治制度研究》，第六章《魏晋南朝的都督制》，博士学位论文，北京师范大学，1986 年；姚念慈：《曹魏地方都督初探》，载《史志文萃》1987 年第 5 期。

1940年代就已指出。[1] 建安末年，曹操在魏境屯驻了大量的军队以对吴、蜀，同时任命一个统帅都督一方诸军。[2] 都督制就是从这种军事组织形式发展而来。但是，都督制在黄初元年（220）建立而不在其他时间产生，这就有当时的特殊原因了。

建安二十五年（220年，即延康元年，是年又改元黄初）正月，曹操南征返回，死在洛阳。曹操突然去世，引起了巨大的政治波动。

曹操在立嗣问题上长期犹豫不决。长子昂，死于建安初。若以继统顺序，则应为次子丕。但曹操特钟爱四子曹植，“几为太子者数矣”[3]。由于长时间不立嗣，致使曹操霸府出现拥五官郎（曹丕）和拥临淄侯（曹植）两派。建安二十二年（217），曹丕始被立为太子。

曹操一死，使继嗣问题又起波澜。曹操死在洛阳时，曹丕在邺。而曹操临终前却先召三子曹彰至洛阳。《三国志·魏志·任城王彰传》云：“行越骑校尉，留长安。太祖至洛阳，得疾，乃招彰。未至，太祖崩。”[4] 注引《魏略》曰：“彰至，谓临淄侯植曰：‘先王召我者，欲立汝也。’”[5]。曹彰号为“刚严”，统兵为将，数有战功。其时至洛阳“问玺绶，将有异志”[6]。可见宫中的形势对曹丕十分不利。

---

① 何兹全师：《魏晋的中军》，载《史语所集刊》第十七本，1948年。

② 《三国志》卷9《夏侯惇传》云：“使惇都督二十六军，留居巢。”（中华书局1975年标点本，第268页）同书卷9《夏侯渊传》云：“太祖还邺，留渊守汉中。即拜渊征西将军。”（第272页）同书卷17《张郃传》注引《魏略》曰：“渊虽为都督，刘备惮郃而易渊。（第526页）

③ 《三国志》卷19《陈思王植传》，中华书局1975年标点本，第557页。

④ 《三国志》卷19《任城王彰传》，中华书局1975年标点本，第556页。

⑤ 《三国志》卷19《任城王彰传》，中华书局1975年标点本，第557页。

⑥ 《三国志》卷19《任城王彰传》，中华书局1975年标点本，第557页。

曹操正月庚子日死。消息传到邺，群臣惶惧。“以为太子即位，当须诏命。”[①] 而陈矫以为情况万分紧急，不可拘于常制，“即具官备礼，一日皆办。明旦，以王后令，策太子即位”[②]。二月，葬曹操于邺西高陵，即遣曹彰等以侯就国，并诛曹植党羽丁仪等，彻底挫败了曹彰等夺嗣的企图，稳住了朝中局势。

曹操之死还引发了另外一种矛盾。《三国志·魏志·贾逵传》注引《魏略》云：“（太祖崩洛阳）时太子在邺，鄢陵侯未到，士民颇苦劳役，又有疾疠，于是军中骚动。”[③] 同书《臧霸传》注引《魏略》云：“建安二十四年，霸遣别军在洛。会太祖崩，霸所部（即徐州兵）及青州兵，以为天下将乱，皆鸣鼓擅去。”[④] 臧霸，是青徐地区的豪霸。自归顺曹操后一直保持着某种程度的独立性。曹操生前尚能控制这股地方势力，曹操一死这股势力立刻出现骚动。青徐州兵的擅动，使本来已经十分复杂的政治形势更为混乱。

除了青徐州兵的擅动，河西地区还酝酿着一场叛乱。《三国志·魏志·张既传》注引《魏略》云：“延康、黄初之际，河西有逆谋。”[⑤]《通鉴》记河西鞠演等发动叛乱是在五月。其酝酿当然在此之前。从时间上看，青徐州兵擅动在前，鞠演等叛乱在后；从地城上说，一在腹心洛阳，一在西北边地。这说明在曹操新死，曹丕即立之际，地方上出现了动荡不安的局势。

曹丕除了在即王位前后所遇到的这些问题外，尚有一个需解决

---

① 《三国志》卷22《陈矫传》，中华书局1975年标点本，第644页。
② 《三国志》卷22《陈矫传》，中华书局1975年标点本，第644页。
③ 《三国志》卷15《贾逵传》，中华书局1975年标点本，第481页。
④ 《三国志》卷18《臧霸传》，中华书局1975年标点本，第538页。
⑤ 《三国志》卷15《张既传》，中华书局1975年标点本，第475页。

的重大问题：完成政权交替，代汉称帝。

据史书所记，曹丕正月即王位，十月即代汉称帝。而在一年前“孙权上书称说天命。王（曹操）以权书示外曰：‘是儿欲踞吾著炉火上邪！’”[①]《通鉴》记此事为建安二十四年十一月。曹操所谓“著炉火上”，意即他若代汉称天命必遭强烈反对。当是时，曹操创基立业，“十分天下有其九”，尚且不敢轻易代汉称帝。以曹丕之声威，不及曹操；以军事等情况看，与前相若。在这种情况下曹丕若行此大事，必须对境外敌对势力有足够的戒备，防备他们以魏“篡汉”为由大举进犯。也就是说，曹丕在即王位之后，已着手准备代汉之事。为保证政权转移这一重大过渡的顺利进行，曹丕必须解决地方形势不稳和吴、蜀借机进犯这两个问题。建安时期曹操用留屯军控制地方和抵御外敌的经验，与曹丕现时政治需要的结合，使都督制得以建立。

都督有一州或数州为固定辖区，其品秩高于驻屯将军和刺史郡守，有权节度这两类互不统属的军队，都督皆持节，有临时处置之权，对稳定地方形势和备边对敌，能起重要作用。

都督制始于曹丕即王位之后。它的建立过程如何，史书无载，已无从揣度。但从建立后的情况看，它的建立必是精心谋划的结果。

二　都督在汉魏易代之际的作用

黄初元年见于史传的都督共有七人，即：

---

① 《三国志》卷1《武帝纪》，中华书局1975年标点本，第52页。

曹真，镇西将军，假节，都督雍凉诸军事；

夏侯楙，安西将军，持节，都督关中诸军事；

曹仁，车骑将军，假节，都督荆、扬、益诸军事；

曹休，镇南将军，假节，都督扬州诸军事；

夏侯尚，征南将军，领荆州刺史，假节，都督南方诸军事；

臧霸，镇东将军，假节，都督青州诸军事；

吴质，北中郎将，使持节，都督幽、并诸军事。

吴质驻北方，虽也有抵御北方游牧民族、防止境外之敌入侵的职责，但与曹丕要解决的两大问题关系不大，故置不论。其余六位都督都与安定地方和对敌备边，防备吴、蜀借机入侵有重要关系，以下分述它们在黄初年间的活动。

在“河西有逆谋”的情况下，曹丕在即王位后一面在河西设置凉州署刺史，一面以曹真为雍凉都督，时应驻屯陈仓。五月，鞠演等举兵反叛。当时平定这场叛乱的主要是金城太守苏则，以及支持苏则的雍州刺史张既。当时未遣曹真出兵。① 曹真未出兵的原因可能是当时关中都督夏侯楙尚未赴任，曹真要全力注意可能自汉中而出的蜀军。黄初二年，凉州卢水胡叛，河西大扰。“镇西将军曹真命诸将及州郡兵讨破叛胡……河西遂平。”②

青徐州豪霸势力的解决是在不动声色的情况下进行的。《三国志·魏志·臧霸传》云：“文帝即王位，迁镇东将军，进爵武安乡

① 《三国志》卷9《曹真传》云：“张进等反于酒泉，真遣费曜讨破之。斩进等。”（中华书局1975年标点本，第281页）同书《张既传》《苏则传》及《资治通鉴》等皆不载此事，疑《曹真传》所记有误。

② 《三国志》卷2《文帝纪》注引《魏书》，中华书局1975年标点本，第79页。

侯，都督青州诸军事。”[①] 曹丕以臧霸为都督是安抚青徐地方势力，只是一种权宜之计。这一年十月或稍后，文帝以扬州都督“曹休为都督青徐”[②]，即将臧霸等置于曹休的控制之下。以后曹丕又利用发动两次征吴战役的掩护，在黄初四年彻底解决了青徐豪霸势力。[③] 所以，都督制对于稳定青、徐一带的地方形势，起了重要作用。

黄初元年署置的七个都督中有五个与备蜀、吴有关（臧霸的青州都督是权置，且当时青州不当吴北上之兵锋）。时驻守关中防范蜀军的是曹真、夏侯楙，驻守荆、扬抵御吴军的是夏侯尚、曹休及曹仁。

明帝青龙二年（234）孙权大举攻合肥。时扬州都督满宠欲守寿春，明帝不听，诏曰：“先帝东置合肥，南守襄阳，西固祁山，贼来辄破于三城之下”[④] 云云。这三城在建安末年已成为魏对吴、蜀攻防的主战场。曹操时曾分遣三员大将镇守。黄初四年以后乃至明帝时，这三个方面仍分别由三个都督镇守。唯在都督制建立至黄初四年这一段时间，关中方面为曹真和夏侯楙；荆州方面是夏侯尚，扬州是曹休，而又以曹仁为都督荆、扬、益诸军事。《三国职官表》“都督荆、扬、益”条，洪饴孙案曰：“当时诸州都督之制未定，故曹仁为是官。其实，益州已为蜀所有，非魏人所能制。荆州；魏统属征南；

---

① 《三国志》卷18《臧霸传》，中华书局1975年标点本，第538页。据田余庆先生考证，臧霸时在徐州并未移驻青州，都督青州或是都督徐州之误。见《汉魏之际的青徐豪霸问题》，载《历史研究》1988年第3期。

② 《三国志》卷18《臧霸传》注引《魏略》，中华书局1975年标点本，第538页。

③ 曹丕解决臧霸等问题，田余庆先生有详细论述，可参见田余庆先生《汉魏之际的青徐豪霸问题》，载《历史研究》1988年第3期。

④ 《三国志》卷3《明帝纪》，中华书局1975年标点本，第103页。

扬州，魏统属征东，以后无兼辖者。”① 对于都督设置重复，洪氏怀疑这是“魏初尚无定制”所造成的。洪氏不明曹丕如此署置都督的用心，故有是语。这正是我们这里要着重予以说明的。

先看关中方面。曹真为雍凉都督在曹丕即王位后，时曹真应驻陈仓。建安二十四年（219），驻汉中的夏侯渊兵败被杀。汉中为刘备所得。刘备据此称汉中王，并派大将魏延驻守。“汉贼不两立”，刘备得汉中对关中地区造成很大威胁。陈仓之南散关，为蜀通关中之要道。曹操拔汉中之军使曹真驻守陈仓正是为扼散关绝蜀北进关中之路。曹丕以曹真驻此，其意相同。

自汉中北出关中还有另外的路。一条是斜谷路，自长安西行经武功即入此路。建安二十四年，曹操自长安入汉中救夏侯渊军，走的就是这条路。此外还有一条险路。即诸葛亮北伐时魏延建议自褒中循秦岭当子午而北可至长安之路。《三国志·魏志·夏侯惇传》注引《魏略》曰：“楙字子林，惇中子也。文帝少与楙亲。及即位，以为安西将军、持节，承夏侯渊处都督关中。”② 夏侯渊自建安十七年起即屯长安，二十一年屯汉中，后汉中为蜀所得。夏侯楙“承夏侯渊处都督关中”，当是屯长安。夏侯楙屯守的重点必是防止蜀自这两条路入关中。

曹真、夏侯楙重在驻守，并不主动出击。为减少汉中对魏的压力，曹丕另遣荆州都督夏侯尚出击上庸，以牵制汉中。夏侯尚为都督应是在曹丕即帝位之前，而《三国志·魏志·夏侯尚传》则云是

---

① 洪饴孙：《三国职官表》，载《二十五史补编》，中华书局1956年影印本，第二册，第2809页。

② 《三国志》卷9《夏侯惇传》注引《魏略》，中华书局1975年标点本，第268页。

在“文帝践祚”① 之时。据《隶释》卷十九《魏公卿上尊号奏》所列公卿大臣，夏侯尚官职为“都督”②，就是在曹丕即帝位之前，他已官拜都督。而其本《传》又云，夏侯尚为都督后率军攻上庸，平三郡九县。据《三国志·蜀志·刘封传》记，夏侯尚攻上庸是在蜀将孟达降魏之后。孟达降魏则是在曹丕即王位之后。《资治通鉴》卷六九文帝黄初元年条也记夏侯尚进攻上庸在延康元年七月，即曹丕称帝之前。《夏侯尚传》所云其任都督在“文帝践祚”误，应在“文帝即王位”之时。

孟达降魏后，曹丕“遣征南将军夏侯尚、右将军徐晃与达共袭”③ 上庸等郡。时魏得房陵、上庸、西城三郡，合为新城郡，以孟达为太守。上庸之地偏僻，峰峦起伏，山道险难，又不为战略要地。曹丕称帝前发动此役，就在于上庸之地与汉中有沔水相通，据此可牵制汉中蜀军。

在备吴方面，曹丕使夏侯尚都督荆州，还以曹休为扬州都督。“夏侯惇薨，以休为镇南将军，④ 假节、都督扬州军事。车驾临送，上乃下舆，执手而别。孙权遣将屯历阳，休到，击破之。又别遣兵渡江，烧贼芜湖营数千家。”⑤ 夏侯惇死在延康元年四月，曹休为扬州都督，当在是月。从“车驾临送，执手而别”，可知寄望之深。曹

---

① 《三国志》卷9《夏侯尚传》，中华书局1975年标点本，第294页。

② 《隶释》卷19《魏公卿上尊号奏》，载文津阁《四库全书》史部第227册，第221页中栏，商务印书馆影印本。

③ 《三国志》卷40《刘封传》，中华书局1975年标点本，第992页。

④ 魏以襄阳为南，有镇南将军号者常镇此地。从曹休到任后攻击历阳等事看，其为主持东部战事的扬州都督当无疑问，其应为“征东将军”。《隶释》卷19《魏公卿上尊号奏》记录曹休为“征东将军”（见文津阁《四库全书·史部》第227册，第221页中栏，商务印书馆影印本），本传所记疑有误。

⑤ 《三国志》卷9《曹休传》，中华书局1975年标点本，第279页。

休赴任，即按曹丕命令展开一系列攻势。这与夏侯尚攻上庸之意相同，以攻为守，防止蜀、吴在十月曹丕登基时有所动作。

为加强对吴的戒备，曹丕还特别重用曹仁开展一系列军事活动。《三国志·魏志·曹仁传》云：“（曹丕）即王位，拜仁车骑将军、督荆、扬、益诸军事。进封陈侯。……后召还屯宛。孙权遣将陈邵据襄阳，诏仁讨之。……文帝即拜仁大将军。又诏仁移屯临颍，迁大司马，复督诸军据乌江，还屯合肥。”① 依本《传》所云，曹仁为都督四年，竟移屯四次，这在曹魏都督中绝少见。但曹仁作为荆、扬、益都督的重要作用正可由此看出。

曹仁为都督，初屯何处不明。后“召还屯宛”，当是在夏侯尚率军西伐上庸之后。建安二十四年，孙权势力进入荆州。曹丕即王位，以夏侯尚屯宛，防范吴军。夏侯尚帅军征上庸，宛镇无帅。曹仁屯宛，正补此镇之虚，以抑制孙权北上之势。曹仁击孙权将军陈邵，应是在他屯宛的黄初元年的七月之后，也是一次与夏侯尚出击上庸、曹休攻击历阳性质相同的战役。曹仁为大将军在黄初二年四月。当在此后不久移屯临颍。此时夏侯尚已从上庸返回宛地。《三国志·魏志·夏侯尚传》云：“迁征南大将军。孙权虽称藩，尚益修攻守之备”② 云云。上庸与蜀邻而不当吴，此时夏侯尚驻宛无疑。《通鉴》卷六九记夏侯尚“修攻守之备”③，事在黄初二年八月。临颍在许昌南。④ 曹仁屯此可为荆、扬州都督形援。曹仁屯合肥当在迁大司马的

---

① 《三国志》卷9《曹仁传》，中华书局1975年标点本，第267页。

② 《三国志》卷9《夏侯尚传》，中华书局1975年标点本，第294页。

③ 《资治通鉴》卷69文帝黄初二年，中华书局1976年标点本，第2193页。

④ 《资治通鉴》卷76高贵乡公正元二年条胡注云：“魏受汉禅，以许昌为别宫，屯重兵以为东、南二方根本。”（中华书局1976年标点本，第2421页）

黄初二年十月之后、黄初三年九月之前。黄初三年九月，魏三路大军攻吴。为解决青徐地方豪霸问题，曹丕使扬州都督曹休率张辽、臧霸等历洞浦沿江奔下游海陵、江都去开辟对吴新战场。合肥一带是魏在东南的主战场。此时曹仁移屯合肥，正补曹休率军东征之缺。所以，曹仁为荆、扬、益都督实际是设立一支随时可在荆扬地区调动的机动部队，以备前线之需。荆、扬都督出征就由曹仁接任防区，使吴人无可乘之机，保证易代之际边防的稳定。尽管吴、蜀因争夺荆州等原因没有在曹丕代汉之际大举进攻，但曹丕的这种部署，仍是一种积极的防范措施。

黄初四年（223），曹仁死。这时曹丕的地位已经巩固，最紧张的时期已经过去。在一年前曹真已入朝，关中只留夏侯楙一位都督驻守。荆、扬地区也无须再设置一个机动都督。自此之后直到魏末，关中、荆、扬例由一个都督专任方面。

综上所述，都督制是黄初元年曹丕即王位后，为保证他能够顺利登基称帝而设立。在易代之际，都督制在控制地方局势、防止外来势力特别是吴、蜀方面的干扰方面有十分重要的作用。黄初三、四年间，在统治已稳固，吴、蜀一时无力对北方用兵的情况下，曹丕对黄初初署置的都督进行调整。终曹魏一代，都督只设在沿边诸州，主要发挥对外进攻和防御周边之敌的作用。

第二节　都督制的变化

一　司马氏专魏与都督制的变化

在魏明帝时期，世家大族政治势力蓬勃发展，使司马懿在曹魏政治中发挥越来越大的作用。正始十年（249）司马懿发动政变夺得曹魏大权。中央权力的转移，使得都督制发生了重要变化。

曹丕在黄初元年设立的都督实际只有四个所辖区域，包括扬、荆、雍、凉、幽、并数州。明帝时因周边攻防的需要，又在冀、豫、青、徐四州设立都督。这些都督所辖或一州，或二州，在屯戍周边、对进攻蜀、吴方面发挥了重要作用。司马氏专魏后，曾引起都督扬州的王凌、毌丘俭、诸葛诞等相继起兵反叛。这三次叛乱虽然被司马氏相继镇压下去，但是也暴露了都督制存在的问题。一是地方都督兵权太重。当时地方都督有的兼辖数州，有的虽辖一州，因为是对外攻防的重镇，同样集聚了重兵。如毌丘俭、文钦反叛时纠集了五六万兵马。诸葛诞反叛时集兵十五万众。由于反叛都督兵力太强，都城中军兵力不足，只得征调其他方镇兵力。在三国鼎峙的情况下，这种局面易使敌国乘虚而入。正元二年（255）司马师出动中军步骑十余万讨毌丘俭，并“召三方兵[①]大会于陈许之郊。”[②] 结果蜀汉姜维趁机出陇右，在洮西大败魏军。二是由于都督分布边州，一旦举兵内向，朝廷竟无藩屏以拱卫。毌丘俭反叛，与文钦率“五六万众渡淮，西至项”。[③] 时司马师新割目瘤，创痛难忍，仍不得不率军亲征，使其弟司马昭留镇洛阳。诸葛诞反叛时，司马昭不但出动全部中军，还调集了全国大量兵力。为防止洛阳空虚生变，只得挟魏帝及皇太后出征。也就是说，在制约和控制地方都督上，都督制本身还存在着严重的缺陷。

---

① 胡三省注曰：“三方，东西北也。”见《资治通鉴》卷七六高贵乡公正元二年，中华书局标点本1976年版，第2420页。

② 《晋书》卷2《景帝纪》，中华书局1974年标点本，第30页。

③ 《三国志》卷28《毌丘俭传》，中华书局1975年标点本，第763页。

因此，魏晋之际，司马氏为巩固权力，对都督制进行了多方面的调整。

首先，大力加强中军的力量。魏晋时，中央军队分为中军和外军。外军由都督统领驻在地方，中军则驻都城。中军和外军之称始见黄初时都督制建立之后。这种做法源于建安年间的战争环境。① 当时处在战乱时期，形势多变，胜负难料，曹操不得不掌握一支强大的禁卫军以制约分驻地方的将领。魏代汉后，仍沿袭这一做法。曹丕分遣都督分镇边境，同时在洛阳屯驻大量军队。魏明帝时因关中战事，一次遣中军三万出征，其总数肯定要多于此数。司马氏专魏后，亦多聚强兵于京师，司马师讨毌丘俭时，出动中军十余万。西晋初，洛阳城内外驻有三十六军之众。中军数量的大大增加，强化了朝廷对地方的控制。

其次，对都督的辖区进行划分。这种划分分为两类：一是原为兼辖数州的，皆划为仅辖一州。如都督青徐原为一人，甘露四年始（259）分为都督青州、都督徐州各一人。原扬州、豫州由一人所统，嘉平三年（251）则分为二。雍、凉都督原为一人，甘露元年（256）始分为二。二是对屯有重兵的州，予以析分。如荆州、扬州一直是曹魏备吴的重镇。甘露三年（258）分扬州为二，增置都督淮北一人。接着又分荆州为二，增置都督江北一人。原有辖区的分析，使都督的实力相应缩小。

还有，在腹心地区设置都督，以控制边州，拱卫洛阳。司马氏吸取淮南三叛、都城无藩屏的教训，在腹心地区设置都督，如兖州都督、督邺城守等。加上驻长安的雍州都督和驻许昌的豫州都督，

---

① 何兹全师：《魏晋的中军》，载《史语所集刊》第十七本，1948 年。

成为拱卫洛阳的重镇。尤其是邺、长安、许昌，魏晋时一直是大武库、大兵站和大粮仓。对于这些重镇，司马氏多以子弟出任都督，使之成为控制边州、拱卫洛阳的枢纽。①

总之，都督制这些变化产生两个方面的积极作用。第一，全国诸州普设都督，大大加强了武备，对西晋统一起了重要作用。景元四年（263）司马师遣将伐蜀，“征四方之兵十八万”②。太康元年（280），晋武帝灭吴，出动包括中军在内二十余万军队。第二，都督分为内州都督和外州都督，朝廷通过掌握中军，控制内州以制约外州，这使中央集权力量大为加强。

二　朝廷控制都督的措施

在魏晋时期，都督制能够起到备边攻敌、加强中央集权的重要作用，还取决于朝廷有强有力的措施控制它。

都督作为出镇一方的地方军事首脑，不但可以凭权势凌驾于刺史之上，而且还有很重的兵权。这一兵权不仅是都督所统军队数量大，而且是都督对其所统军队有近乎绝对的控制力。魏末毌丘俭、诸葛诞起兵，八王之乱时各方都督起兵，其部下皆从其所命就说明这一点。都督之所以能够控制其军队，主要是有几个很重要的权力。首先，都督有节，可以专杀。《晋书·职官志》称：都督“使持节为上，持节次之，假节为下。使持节得杀二千石以下，持节得杀无官位人，若军事得与使持节同，假节唯军事得杀犯军令者”③。其

---

① 唐长孺：《西晋的分封与宗王出镇》，载《魏晋南北朝史论丛》，生活·读书·新知三联书店1955年版。

② 《晋书》卷2《文帝纪》，中华书局1974年标点本，第38页。

③ 《晋书》卷24《职官志》，中华书局1974年标点本，第729页。

次，都督的部将虽由朝廷中护军任命派出，但都督却有相当大的决定权。《三国志·魏志·三少帝纪》注引《魏略》云：“（张）特字子产，涿郡人。先时领牙门，给事镇东诸葛诞，诞不以为能也，欲遣还护军。会毌丘俭代诞，遂使特屯守合肥新城。”① 张特虽为中护军所任派，但他的去留却决定于都督。还有，都督自筹给养，可集聚财富，厚养将士，使其效死力。诸葛诞在扬州，“倾藏振施以结众心，厚养亲附及扬州轻侠者数千人为死士”。后诸葛诞兵败，其“麾下数百人坐不降见斩，曰：‘为诸葛公死，不恨。’”② 可以说，都督因对其部下拥有几近绝对赏罚之权，③ 才能做到这一点。正因为都督专一方兵权，极易恣意妄为，魏晋时对都督遂有种种严格控制措施。

第一，朝廷对都督用兵之权有严格的限制。重要的军事行动，须诏命才能进行。太和元年（227），魏新城太守孟达反。孟达以为驻宛的都督司马懿须上表朝廷，比及诏令下达，他可以牢筑城围。孟达以常情度之，故让司马懿打个措手不及。邓艾灭蜀立有大功。自以为“衔命西行”遇事可以不必等诏命，结果被钟会诬陷他“矫命承制”是谋反，父子均被杀。禁止都督擅自兴兵，这利于防止都督拥兵自重。

第二，都督还受到来自各方面的监督。都督的僚佐就负有监督之责。都督皆置军府。军府例置长史、司马、参军等僚属。长史、司马，汉代乃将军上佐，例由朝廷除授，其职本重。汉末曹魏时。

---

① 《三国志》卷4《三少帝纪》，中华书局1975年标点本，第126页。

② 《三国志》卷28《诸葛诞传》，中华书局1975年标点本，第770、772页。

③ 《韩非子·二柄》云：“明主之所导制其臣者，二柄而已矣。二柄者，刑、德也。何谓刑、德？曰：‘杀戮之谓刑，庆赏之谓德。为人臣者，畏诛罚而利庆赏。故人主自用刑、德，则群臣畏其威而归其利矣。’”（见梁启雄《韩子浅解》第七篇《二柄》，中华书局1982年版，第43页）都督虽不如君主那样随心所欲，但其基本方面已具备。

又有参军一职，亦由朝廷除授。魏晋时，长史、司马、参军等除了分掌府中诸事，还负有对府主监督之责。邓艾征蜀，司马师以其主簿师纂为其司马。邓艾灭蜀有大功，却因军事行动中有不等诏命即开始行动的严重违规行为被钟会等抓住，趁机告邓艾欲谋反，师纂等证成其说，于是朝廷令槛车征邓艾父子，由大功臣成为阶下囚。西晋时有皇帝召见地方征镇长史、司马之制。惠帝时王浑上疏，称武帝时有“正会后东堂见征镇长史、司马”① 之制。这种召见，征镇长史、司马的当面汇报，可以成为皇帝了解各方都督最直接的一种办法。假如府主不遵朝廷制度，他们还可密报。《晋书·唐彬传》：唐彬“为使持节、监幽州诸军事，领护乌丸校尉、右将军。……鲜卑诸种畏惧，遂杀大莫，彬欲讨之，恐列上俟报，（鲜卑）必逃散。乃发幽州车牛。参军许祇密奏之，诏遣御史槛车征彬付廷尉”②。

朝廷还设置军司驻军中监察都督。建安时代即有军师，但只属于军事参谋一类。都督制建立后，军师一职仍存，其职掌已发生变化。《通典·职官十一》称：“初隗嚣军中尝置军师，至魏武帝又置师官四人。晋避景帝讳，改为军司。凡诸军皆置之以为常员。所以节量诸宜，亦监军之职也。”③ 此时军师为曹操自辟。曹丕称帝后，军师则由朝廷任命。《三国志·魏志·徐邈传》云：“文帝践祚，历谯相、平阳、安平太守、迁抚军大将军军师。”④ 军师此时仍是主帅军事上的参谋。因其由朝廷除授，常由天子近臣出任，又在军事上

---

① 《晋书》卷42《王浑传》，中华书局1974年标点本，第1204页。
② 《晋书》卷42《唐彬传》，中华书局2000年标点本，第1219页。
③ 《通典·职官十一》卷29，中华书局1984年影印本，第168页中栏。
④ 《三国志》卷29《徐邈传》，中华书局1975年标点本，第739页。

有发言权，明帝时则成为朝廷节度外将的监军。青龙二年（234）雍凉都督司马懿与诸葛亮相持在五原。亮数挑战，司马懿“表请决战，天子不许。乃遣骨鲠臣卫尉辛毗杖节为军师以制之。后亮复来挑战，帝将出兵以应之，毗杖节立军门，帝乃止”①。

军师代表朝廷监督诸将。最初军师只是在都督出征作战时才由朝廷派出。辛毗为司马懿军师，蜀军退后辛毗还朝。西晋时军司为常员，都督的日常活动都处在军司的监察之下。如石崇监徐州军事，“与徐州刺史高诞争酒相侮，为军司所奏，免官”②。由于军司负有特殊使命，一旦军中有变，即可代表朝廷直接处理。钟会平蜀后谋反，欲逼军司卫瓘赞成其议。卫罐不从，“作檄宣告诸军”，遂杀钟会，“部分诸将，群情肃然”③。军司的设置是朝廷控制地方都督的一个有力措施。

都督还受到毗邻都督和地方其他官员的监督。西晋时，淮北监军王琛与扬州都督石苞不睦，借谣言“密表苞与吴人交通”④，石苞竟因此被免职。都督也受到所在地区的刺史、郡守的监督。明帝时，辽东公孙渊叛。田豫“以本官（汝南太守）督青州诸军假节，往讨之。……青州刺史程喜内怀不服，军事之际多相违错。喜知帝宝爱明珠，乃密上：‘豫虽有战功而禁令宽弛，所得器杖珠金甚多，放散皆不纳官。’由是功不见列”⑤。郡守亦可密奏都督。监益梁军事、益州刺史王濬“受中制募兵，而无虎符；广汉太守（张斆）收濬从

① 《晋书》卷1《宣帝纪》，中华书局1974年标点本，第8页。
② 《晋书》卷33《石苞附子崇传》，中华书局1974年标点本，第1006页。
③ 《晋书》卷36《卫瓘传》，中华书局1974年标点本，第1056页。
④ 《晋书》卷33《石苞传》，中华书局1974年标点本，第1002页。
⑤ 《三国志》卷26《田豫传》，中华书局1975年标点本，第728页。

事列上。帝召歔还，责曰：‘何不密启而便收从事？’”①

由此可见，魏晋时期都督所受到的监督来自多方面。既有来自上面的（如军师），也有来自内部（司马、参军）的，还有周围的（如毗邻都督、刺史、太守等）。在这种甚为严密的监督下，都督若图谋不轨，很容易被发现。

第三，都督出镇，要留亲属在内地为质任。曹丕初即王位，蜀将孟达降魏为新城太守，曹丕特许孟达不留质任。明帝即位，孟达举郡叛，为司马懿所杀。故明帝严格质任制度。有无质任，成为选拔都督的重要条件。②

在朝廷保持强大军力的情况下，上述这些措施可以防止都督拥兵自重、恣意妄为，从而有利于中央对地方都督的控制。

综合上述，都督制具有以大将统重兵分镇地方这样一种特点的军事制度。曹魏时期主要设在周边诸州，在对外进攻和防御周边之敌发挥了重要作用。魏晋之际，都督制发生了许多变化，仍在加强中央对地方的控制、西晋统一上起到了重要作用。西晋统一后，都督开始地方化，对这种地方化产生影响的一个重要原因是司马氏专魏后对都督制的改造。

① 《资治通鉴》卷79，武帝泰始八年，中华书局1976年标点本，第2522页。

② 《三国志》卷28《钟会传》云：司马师使钟会带兵伐蜀，有人反对：“谓钟会单身无重任（质任），不若使余人行。”（中华书局1975年标点本，第793页）

第四章

都督制的地方化与地方权力的扩张

都督是中央官员，统中央军队驻在地方。这本身就易造成都督向地方化发展的倾向。西晋统一后。由于各种因素的影响，都督地方化的趋势日趋显著。都督地方化的结果，使都督的辖区成为州之上的行政区，都督成为刺史之上兼统军民的地方官员。这无可避免地会使地方权力膨胀。而西晋的中央权力特别是控制地方都督的主要力量中军，却在不断削弱。惠帝以后朝政日乱，八王之乱使都督制完全变为中央集权的对立物。

第一节　西晋统一与都督制的变化

一　西晋统一与都督职能的变化

西晋统一，使都督的作用发生根本的改变。

曹魏时期，都督区只设在周边诸州，都督的作用主要是对外进攻和防御周边之敌。都督也曾被用于控制地方势力，稳定地方形势，但事过即解。曹丕在黄初元年在关中设两都督，其中雍凉都督曹真的重要职责是平定河西的叛乱。黄初二年，河西大定。黄初三年曹真即被征入朝。青徐都督的置罢也是如此。曹丕使臧霸为都督青州，这只是一种权宜。后曹休又兼督青徐，主要是为控制臧霸一类的青徐地方势力。曹休何时解青徐都督，史无明文。估计应在黄初四年彻底解决臧霸问题之后。曹魏文帝及明帝时，孙吴兵北上进攻从不至青徐，故青徐都督一直未设。青龙二年（284）孙吴三路大举伐魏，其东路孙韶、张承等军向广陵、淮阴。明帝使桓范为使持节、都督青徐诸军事，驻守下邳，以阻遏吴军。这说明当时的都督主要承担备边对敌的重要任务。

西晋统一后，除北和西北有些游牧民族在活动外，已无强敌迫境。都督完全转变为朝廷控制地方的工具。魏末司马氏对都督制的调整，对都督职能的转变，有重要作用。

在平定淮南三叛之后，司马氏分遣亲信子弟分镇许昌、长安、邺等重镇任都督。这几州都督皆处内地，在职责上与边州都督的主要区别在于后者是备边御敌，是对外的；而它们则是拱卫洛阳、控制边州，是对内的。这些内州都督的设立，使部督制的作用已有部分的改变。

司马氏为防外州举兵内向，在腹心地区设置都督以为藩屏，又恐都督实力过强，对其辖区予以划分，致使境内诸州皆有都督。在灭蜀之后，将蜀地划为益、梁、宁三州，置益梁、南中二监军。平吴之前所设十七州之中，除司州未置都督，其余诸州皆置都督或监军。平吴之后，除将荆、扬都督区向南延伸，又置交、广二州，并分设都督。武帝太康三年，“帝诏天下罢军役，示海内大安，州郡悉去兵”①。时诸州皆有都督，州郡悉去兵，刺史专治民，这实际上也就开启了都督从军事上控制地方的权力。

总之，曹魏在边州设置都督，都督主要发挥着备边对敌的作用。司马氏对都督制的调整，已使都督的作用有所改变。西晋统一后，原来备边对敌的都督已经成为朝廷控制地方的工具。

都督职能的这一转变，是都督地方化的一个重要环节，又对都督的地方化产生重要影响。首先，全国遍置都督，这就从形式上为都督区成为州之上的行政区做好准备。其次，刺史之上皆有都督，都督的职责又主要是驻守地方，这又为都督侵夺刺史之权提供了便利。西晋统一后，都督地方化的趋势发展迅速，与都督职责的变化有重要关系。

二　都督权力的扩大

都督的职权本是统军作战，与地方行政无涉。在西晋末年八王之乱中，都督纷纷驱迫刺史，自掌行政治民之事，都督至此完全地方化了。《南齐书·百官志》也指出这一重要变化：“晋太康中，都督知军事，刺史治民，各用人。惠帝末乃并任，非要州则单为刺史。”② 就是说，由军民分治变为军政合一是都督地方化的主要特征。

都督制实行之初，就有兼领刺史之例。《宋书·百官志》云：“魏文帝黄初二年（应为元年），始置都督诸州军事，或领刺史。”③

---

① 《晋书》卷43《山涛传》，中华书局1974年标点本，第1227页。
② 《南齐书》卷16《百官志》，中华书局1972年标点本，第328页。
③ 《宋书》卷39《百官志上》，中华书局1974年标点本，第1235页。

一个“或”字，说明都督领刺史只是特例。自都督制设立迄于魏末40余年间，史籍所见都督兼领刺史的只有十余例。西晋前期从晋武帝泰始元年（260）至平吴的太康元年（280），都督兼领刺史的只有8例。[①] 西晋统一后又严格了都督不兼刺史的制度，如前引《南齐书·百官志》所云，都督、刺史各用人。可见，西晋统一以前，都督兼领刺史之制，并不是造成西晋末都督地方化的主要原因。

此外，以前都督兼领刺史，皆是朝廷根据战争时期的需要而设。如黄初时曹休、夏侯尚分别以扬、荆都督兼领扬、荆刺史，是因为扬、荆二州濒临长江与吴、蜀对峙的缘故。而西晋末，都督兼统行政治民之事是在中央集权衰落、都督驱迫刺史自为的。都督能够使刺史就范，这固然和都督握有兵权有关，更重要的是都督已渐将刺史置于自己的威权之下侵夺刺史之权缘故。魏晋时都督皆为二品，刺史则为四或五品。都督刺史往往共驻一城。但在曹魏时刺史对都督的权势并不是绝对服从。《三国志·魏志·田豫传》云：“太和末，公孙渊以辽东叛，……乃使豫以本官（汝南太守）督青州诸军事、假节，往讨之。……豫以太守督青州，青州刺史程喜怀不服，军事之际，多相违错。”[②] 都督虽有权节度一州之军事，但在军事方面刺史尚能如此，行政治民上更不会听从都督的随意指挥。这只是问题的一个方面。另一方面，都督正是利用节度州军事之权使刺史逐渐屈从于它的权力之下。

都督对州军事的节度，在曹魏时还不是完全的指挥、统帅之权。

---

① 分见万斯同《魏方镇年表》《晋方镇年表》，载《二十五史补编》，中华书局1956年影印本，第二册第2617—2623页；第三册第3985—3397页。

② 《三国志》卷26《田豫传》，中华书局1975年标点本，第728页。

上所举《田豫传》中程喜与田豫的关系就是一例。还可再举出几例。

满宠为扬州都督时，吴将孙布遣人扬州求降，寄书云：“道远不能自致，乞兵见迎。”“刺史王凌腾布书，请兵马迎之。宠以为必诈，不与兵。……宠会被书当入朝，敕留府长史，‘若凌欲往迎，勿与兵也。’凌于后索兵不得，乃单遣一督将步骑七百人往迎之，布夜掩袭，督将进走，死伤过半。”① 太和二年（228），扬州都督曹休攻皖，诏豫州刺史贾逵与曹休合进。“休怨逵进迟，乃呵责逵，遂使主者敕豫州刺史往拾弃仗。逵恃心直，谓休曰：‘本为国家作豫州刺史，不来相为拾弃杖也。’乃引军还。遂与休更相表奏。朝廷虽知逵直，犹以休为宗室任重，两无所非也。”② 可见在当时，军事上刺史也并不是绝对服从都督。

然而，都督正是利用这一军事上的节度之权迫使刺史屈从。《三国志·魏志·崔林传》云：“出为幽州刺史。北中郎将吴质统河北军事。涿郡太守王雄谓林别驾曰：‘吴中郎将，上所亲重，国之贵臣。仗节统事，州郡莫不奉牋致敬，而崔使君初不与相闻。若以边塞不修斩卿，使君宁能护卿邪？’别驾具以白林。林曰：‘刺史视此州如脱屣，宁当相累邪？此州与胡接，宜镇之以静。扰之则动其逆心，特为国家生北顾忧，以此为寄。’在官一期，寇窃寝息。犹以不事上司，左迁河间太守。”③ 这是一段反映都督、刺史关系很典型的记载，可以说明两个方面的问题。

首先，从王雄对崔林别驾所言都督“若以边塞不修斩卿”和崔

① 《三国志》卷26《满宠传》，中华书局1975年标点本，第723页。
② 《三国志》卷15《贾逵传》注引《魏略》，中华书局1975年标点本，第483页。
③ 《三国志》卷24《崔林传》，中华书局1975年标点本，第679页。

林“宜镇之静”的主张，可以看出刺史崔林和都督吴质在如何御边上意见相左。而崔林并不按照吴质的意见办，说明在州的防务上，刺史可以不遵循都督的主张。

其次，崔林尽管有“寇窃寝息”的政绩，却因不事“上司”而左迁。“上司”自然是指都督吴质。《三国志·魏志·杜畿附子恕传》云杜恕为幽州刺史，与都督程喜共驻一城。“有鲜卑大人儿，不由关塞，径将数十骑诣州，州斩所从来小子一人，无表言上。”① “（程）喜欲恕折节谢已，讽司马宋权示之以微意。恕答权书曰：‘……若令下官事无大小，咨而后行，则非上司弹绳之意；若恣而不从，又非上下相顺之宜。’”② 从杜恕的话看，刺史并不需要事事向都督请示，说明都督这位“上司”的权力是有限的。但是正是这权力有限的“上司”，却让有政绩的崔林左迁，而杜恕却因程喜深文劾奏，竟“下廷尉，当死。以父畿勤事水死，免为庶人，徙章武郡”③。还有一个例子。《三国志·魏志·贾逵传》云：“初，逵与（扬州都督曹）休不善。黄初中，文帝欲假逵节，休曰：逵性刚，素侮易诸将，不可为督。’帝乃止。”④ 可见都督尽管对州军事只有节度之权，但它可以利用这一机会凭借朝廷重臣的地位和权势对刺史的仕途加以影响，轻则不得升迁、贬官，重则要受到罢黜以至处死。这种影响力之大，足以使刺史渐屈服于都督的权势之下。“州郡莫不奉牋致敬”，都督自然可以逐渐侵夺刺史之权。

---

① 《三国志》卷16，《杜畿附子恕传》，中华书局1975年标点本，第505。

② 《三国志》卷16《杜畿附子恕传》注引《杜氏新书》，中华书局1975年标点本，第506页。

③ 《三国志》卷16《杜畿附子恕传》，中华书局1975年标点本，第505页。

④ 《三国志》卷15《贾逵传》，中华书局1975年标点本，第483页。

由此可见，都督能够逐渐侵夺刺史之权，主要还是对刺史的黜陟任免有重要影响。这种影响沿袭既久，自然使刺史视都督为上级，它们之间的统隶关系逐渐固定化。严耕望先生在述及都督与刺史关系时曾列举出曹魏都督、刺史争衡不睦之事五件，西晋时则例证甚少。严氏以为西晋时都督与刺史之间的统隶关系已定型化。① 这个分析应该说符合实际。

西晋统一后，曾经严格军民分治的制度。“太康中，都督知军事，刺史治民，各用人。”② 以前刺史亦管军事，都督正是可以节度州军事之权逐渐侵夺刺史之权。如今从职责上军、民已经完全分开，分属不同系统，应该对都督、刺史间已形成的统隶关系有所影响。关于这点。由于材料的缺乏，我们无法进行具体分析，只能大致加以推测。

西晋时，全国遍设都督区。西晋统一后，晋武帝为示天下大安，罢州郡兵。都督的作用发生完全变化。都督的职能从备边对敌转变成控制地方的工具。刺史只治民，都督虽专管军事，但它驻在地方，品秩高于刺史，曹魏以来逐渐形成的都督刺史间的统隶关系不会轻易地完全消除。除此之外，都督仍有干预地方事务的渠道。

魏晋时期，都督皆掌屯田以筹军实。③ 魏末晋初，朝廷曾两次下诏书罢民屯。晋灭吴后，史籍中鲜见都督兼理屯田的材料，但也无明文说明军屯被取消。依当时情况推断，都督屯田依然存在。因为

---

① 严耕望：《中国地方行政制度史》卷中：《魏晋南北朝地方制度》第二章第二节，《“中央”研究院历史语言研究所专刊》四十五，1963 年。

② 《南齐书》卷 16《百官志》，中华书局 1972 年标点本，第 328 页。

③ 分见《三国志》卷 27《·王昶传》、卷 15《刘馥附子传》、卷 28《邓艾传》；《晋书》卷 1《宣帝纪》、卷 34《羊祜传》、卷 38《宗室扶风王骏传》。

这对于维持当时庞大的军队有重要作用。[①] 都督的屯田大致分布在其辖区内的州郡内，已成为都督在地方上的一种经济利益。

西晋咸宁时，豫州由于雨量过多，造成水灾。因此地方郡县建议决陂塘泄水，而都督却表示反对，终于不成。杜豫在分析这种情况时认为，“军家之与郡县，士大夫之与百姓，其意莫有同者，此皆偏其利以忘其害者也”[②]。除此之外，都督还可立“军市”。《三国志·魏志·仓慈传》注引《魏略》云：“（魏）青龙中，（雍凉都督）司马宣王在长安立军市，而军中吏士多侵侮县民，（京兆太守颜）斐以白宣王。宣王乃发怒召军市侯，便于斐前杖一百。……自是之后军营、郡县各得其分。”[③] 这个材料意在说明司马懿治军之严。治军严尚多侵侮百姓，京兆太守不能禁，其他则更可知。也就是说，在晋统一后，都督、刺史分治军民之后，由于都督在地方上有经济利益，它仍可利用在这些经济活动中干预地方事务，它已有的权威仍可利用这种方式得以保持。都督、刺史间统隶关系定型化并未因军、民分治而有多大的改变。所以，都督地方化的过程，也就是都督逐渐控制刺史、权力不断扩大的过程。西晋末都督皆领刺史，并非突然出现，在此之前，就已经在某种程度上存在了。

---

① 《晋书》卷2《景帝纪》云诸葛诞反，司马昭上书称“今诸军可五十万”。而当时诸葛诞在扬州聚兵十余万，则全国兵力当在六十万以上。《晋书》卷34《羊祜传》云，咸宁时羊祜上书称“大晋兵众，多于前世”。

② 《晋书》卷26《食货志》，中华书局1974年标点本，第789页。

③ 《三国志》卷16《仓慈传》注引《魏略》，中华书局1975年标点本，第513—514页。

第二节　西晋末皇权的衰落和地方权力的强大

一　朝廷兵力的削弱

司马氏专魏后，精兵猛将多聚京师。时洛阳由于军队众多，除担任宿卫者驻城内，余皆屯城外。魏末晋初，京师内外有三十六军之众，总数在十万以上。从军事取得了控制地方的绝对优势。

但在西晋末年，情况已发了根本的变化。永宁元年（301）担任地方都督的河间王司马颙、成都王司马颖、齐王司马冏聚兵数十万以讨伐赵王司马伦为名，同时起兵。靠握有禁军兵权篡夺皇位的赵王伦，所能出动京师兵众仅有六万余。这与正元二年（255）司马师平定淮南毌丘俭之叛时出动十余万中军的情况相比，说明魏晋以来朝廷在军事上的绝对优势已经完全丧失。

西晋中军的削弱，我们可从以下几个方面分析。

第一，将军设府领营兵，对中军的削弱有重要影响。

魏晋时期的将军大体可分为两类。一是出任地方都督和领宿卫兵的将军。它们统领军队则无疑问。另一种如骠骑、辅国、卫将军之类，当它们不出任都督也不领宿卫军将军时，是否辖下统领军队呢?《晋书·文六王齐王攸传》云："（攸）骠骑将军，开府辟召，礼同三司。……时骠骑当罢营兵。兵士数千人恋攸恩德，不肯去。遮京兆主言之，帝乃还攸兵。"① 卫将军也有营兵。同书《羊祜传》云："（武）帝将有灭吴之志，以祜为都督荆州诸军事、假节，散骑

① 《晋书》卷38《宗室齐王攸传》，中华书局1974年标点本，第1132页。

常待、卫将军如故。祜率营兵出镇南夏。"① 此营兵即卫将军营兵。可见这类将军也是领兵的。

领兵之制曹魏时即已出现。《晋书·宣帝纪》云："（黄初）五年，天子南巡，观兵吴疆。帝留镇许昌，改封向乡侯，转抚军、假节，领兵五千。"② 司马懿是以抚军将军统领营兵。同书《卫瓘传》云："邓艾、钟会之伐蜀也，瓘以本官持节监艾、会军事，行镇西军司，给兵千人。"③ 但这只是一种权宜，西晋时方形成定制。《晋书·职官志》多处提到"加兵之制"："诸公及开府位从公为持节都督，增参军六人……如常加兵公制"④、"加兵之制，诸所供给依三品将军"⑤ 等等。

从这几处记载，我们可以看出，西晋将军不是根据军事的需要而是依品秩的高低来决定领营兵数量的多少。西晋领营兵的将军据说有"百数"。咸宁五年（279），傅咸上疏称："空校牙门，无益宿卫；而虚立军府，动有百数。"⑥《通鉴》述此事时胡注云："军府，谓骠骑、车骑、卫、伏波、抚军……"详列诸将军府名。这些将军不是因军事上的需要而是以官品领兵，故被傅咸称为"虚立"。这些军府虽驻京师，又不纳入宿卫军系统，故《通鉴》载傅咸上疏为："虚立军府，动有百数，而无益宿卫。"⑦

西晋的王公大臣还可领亲兵。亲兵，曹魏明帝时就已出现。太

---

① 《晋书》卷34《羊祜传》，中华书局1974年标点本，第1014页。
② 《晋书》卷1《宣帝纪》，中华书局1974年标点本，第4页。
③ 《晋书》卷36《卫瓘传》，中华书局1974年标点本，第1055页。
④ 《晋书》卷24《职官志》，中华书局1974年标点本，第727页。
⑤ 《晋书》卷24《职官志》，中华书局1974年标点本，第728页。
⑥ 《晋书》卷47《傅玄附子咸传》，中华书局1974年标点本，第1324页。
⑦ 《资治通鉴》卷80武帝咸宁五年，中华书局1976年标点本，第2560页。

和三年（229），豫州刺史满宠代都督扬州诸军事，“汝南兵民恋慕，大小相率，奔随道路，不可禁止。护军表上，欲杀其为首者。诏宠将亲兵千人自随，其余一无所问”①。明帝授满宠亲兵，虽然是出于权宜，但亲兵的两个主要特征，由国家授予和可以随将领转移都已具备。曹魏末年，亲兵的存在已较为普遍。钟会伐蜀时，护军及牙门将皆有亲兵。② 但这个时候朝廷授予亲兵，主要是用来恩宠都督和出征的将领。西晋建立后，特别灭吴以后，朝廷王公大臣多被授予亲兵。

太康初，卫瓘为司空、侍中、尚书令，领太子太傅，“加千兵百骑鼓吹之府”③。后卫瓘为权臣杨峻排挤，不得不告老逊位，尚给“亲兵百人”。惠帝即位后，又复卫瓘千兵。可见卫瓘太康初“加兵”，即为亲兵。《晋书·宗室高密文献王泰传》：“永熙初，代石鉴为司空，……及杨骏诛，泰领骏营。加侍中，给步兵二千五百人，骑五百匹。泰固辞，乃给千兵百骑。”④ 亲兵的出现是魏晋以来封建依附关系发展的结果。司马氏执政后将作为国家依附民的屯田客按品级赏赐公卿，那么从国家占有的兵户中划出一部分授予王公大臣，以满足他们对人口占有的要求也是必然的。

西晋将军、大臣们所领营兵、亲兵，大概多是从驻在京师的军队中划拨。晋代魏、特别是灭吴之后，天下一统，司马氏江山已稳固。晋武帝曾罢州郡兵示天下大安，完全可以将京师的部分军队作

---

① 《三国志》卷26《满宠传》，中华书局1975年标点本，第723页。

② 《三国志》卷28《钟会传》：“诸牙门亲兵亦咸说此语”云云。中华书局1975年标点本，第792页。

③ 《晋书》卷36《卫瓘传》，中华书局1974年标点本，第1057页。

④ 《晋书》卷37《宗室高密文献王泰传》，中华书局1974年标点本，第1094页。

为营兵、亲兵授予王公大臣。傅咸说虚立的军府动有百数，若以每一军府领兵数百计，即可达数万人。仅此一项中军的实力就会削弱许多。

第二，京师军队的外驻，对于中军的削弱也有重要影响。

魏晋的中军不但负有拱卫京师的责任，而且还外出征战。事罢，仍回驻京师。西晋以后，中军又有外驻的情况。

咸宁五年（279），凉州羌胡为乱。马隆自荐西讨，并提出要“募勇士三千人，无问所从来”。公卿反对，认为：“六军既众，州郡兵多，但当用之，不宜横设赏募以乱常典。”① 但晋武帝许之。马隆在京师“立标简试。自旦至中，得三千五百人”②。马隆募兵，公卿表示反对的主要原因是会影响军队现存的编制。故《通鉴》述此事：“无问所从来”句下胡注曰：“应募者，或出于农亩，或出于营伍，或出于逋逃，或出于奴隶，皆不问所从由来。”③ 马隆在短时间组成部伍，后被视为精兵善战，中军士兵应募的恐不在少数。马隆靠招募的这支精兵平定凉州，朝廷“以隆为平虏将军、西平太守，将所领精兵，又给牙门一军，屯据西平”④。这牙门军，即是驻守洛阳城外之兵。

朝中大臣亦有率营兵出镇地方。羊祜为卫将军。泰始四年“帝将有灭吴之志，以祜为都督荆州诸军事、假节、散骑常侍、卫将军

---

① 《晋书》卷57《马隆传》，中华书局1974年标点本，第1555页。《晋书斠注》此卷“常典”二字为“常兵”，语义更明。（见《晋书斠注》卷57《马隆传》第6页B面，民国十七年嘉业堂刻本）

② 《晋书》卷57《马隆传》，中华书局1974年标点本，第1555页。

③ 《资治通鉴》卷80武帝泰始二年，中华书局1976年标点本，第2554页。

④ 《晋书》卷57《马隆传》，中华书局1974年标点本，第1556页。

如故。祜率营兵出镇南夏”[①]。齐王司马攸出为“都督青州诸军事，将本营千人之镇”[②]。

西晋中军外驻，与整个政治形势变化有关。魏末司马氏专权，地方上党曹势力颇为强大。司马氏向京师集中军队是必然的。入晋后，司马氏统治已经稳固，中军外驻也是安定边地、加强平吴军事力量的需要。

第三，晋代魏后，京师虽多聚强兵，但兵权分散，“威柄不一”。惠帝无力控制局面，致使政变不断，大大削弱了中军的力量。

八王之乱前，西晋京城内宿卫兵有如下几个部分：六军（领、护、左卫、右卫、骁骑、游击）、四军（左、右、前、后军）、六营（屯骑、步兵、越骑、长水、射声等五校及翊军）、太子东宫四卫率（武帝时置左、右卫，惠帝初，加前、后二卫率），以及积弩、积射营。[③]

晋代魏之际，武帝使羊祜为中军将军，“统二卫、前、后、左、右、骁骑等营”[④]。但这非常制。泰始四年改中军将军为北军中候，掌六军。《全晋文》卷一四六载《晋右军将军郑烈碑》云：“迁北军中候，典司禁戎，董导群帅……故六军之正咸当，而请谒之言莫至。”[⑤] 至八王之乱，北军中候一直是六军的统帅。四军和六营未专置统帅。有时六营或为四军将领所统。如太康时，“征（汝南王）亮为侍中、抚军大将军，领后军将军，统冠军（应为翊军）、步兵、

---

① 《晋书》卷34《羊祜传》，中华书局1974年标点本，第1014页。

② 《晋书》卷38《宗室齐王攸传》，中华书局1974年标点本，第1134页。

③ 参见何兹全师《魏晋的中军》，载《史语所集刊》第十七本，1948年。

④ 《晋书》卷24《职官志》，中华书局1974年标点本，第740页。

⑤ 《全晋文下》卷146，第2305页下栏。参见严可均校辑《全上古三代秦汉三国六朝文》第3册，中华书局1987年影印本。

射声、长水等营”[①]。齐王冏，“元康中，拜散骑常侍，领左军将军、翊军校尉”[②]。可见西晋宿卫军中并无一个统领众军的统帅。晋武帝如此处分，主要是防止居中央的将领兵权过重。诸宿卫军各自独立，武帝自然成为宿卫军的总帅。晋武帝在世时，尚能控制局面。他死后，中军兵权的分散显示出它的恶果：继立的惠帝由于低能，根本无力控制局面，充任宿卫军将领的诸王却由此发动政变。

元康元年（291 年），贾后诛杨骏等。楚王玮为卫将军、领北军中候。贾后欲除执政，诏楚王玮废汝南王亮与卫瓘。楚王玮“遂勒本军，复矫诏召三十六军，手令告诸军曰：‘吾今受诏都督中外诸军，诸在直卫者皆严加警备，其在外营，便相率领，径诣行府。’”[③]都督中外诸军，实即后世天下兵马大元帅。武帝临终前以杨骏为都督中外诸军事，自然是中军的统帅。杨峻被诛后，无人任此职。楚王玮自称任此职，当然有权号令三十六军。这也是楚王玮政变能够成功的关键。

赵王伦废贾后情况亦与此相仿。愍怀太子废，司马伦为车骑将军领右军将军。赵王伦“乃矫诏敕三部司马，……于是众皆从之。伦又矫诏开门夜入……迎帝幸东堂。遂废贾后为庶人……伦寻矫诏自为使持节、大都督、都督中外诸军事、相国、侍中，王如故”[④]。赵王伦遂由此取代惠帝登基称帝。

楚王玮、赵王伦所掌只是宿卫军一部，之所以能号令其他宿卫军，顺利发动政变，完全是惠帝的无能，他们可以“矫诏”。所以，

---

① 《晋书》卷 59《八王汝南王亮传》，中华书局 1974 年标点本，第 1592 页。
② 《晋书》卷 59《八王齐王冏传》，中华书局 1974 年标点本，第 1606 页。
③ 《晋书》卷 59《八王楚王玮传》，中华书局 1974 年标点本，第 1596 页。
④ 《晋书》卷 59《八王赵王伦传》，中华书局 1974 年标点本，第 1599 页。

西晋中军兵权的分散和惠帝无力控制局面，使集中了精兵猛将的中军由稳定王朝统治的力量变为诸王争夺皇权的工具。诸王间的争斗，又使中军力量大为削弱。赵王伦被废后，“凡百官为伦所用者，皆斥免。台、省、府、卫，仅有存者（胡三省注曰：卫，二卫及六军也)”①。成都王颖败长沙王乂后，“颖遣从事中郎成夔等以兵五万屯十二城门，殿中宿所忌者，颖皆杀之”②。

总之，魏晋的中军由于力量强大，一直是朝廷控制全国的根本所在。西晋后期，由于中军的外驻及营兵、亲兵大量从中军中划拨，都使中军力量受到削弱。而中军兵权的分散和惠帝的无能，致使中军在诸王频繁的政变中大量消耗。西晋统治的瓦解也就无可避免。

二　都督制的地方化

都督权力本重。为防止都督恣意妄为，魏晋朝廷对都督的防范颇为严密。(参见本书第四章第二节）但西晋咸宁三年（277）司马氏宗王出镇后，却使朝廷控制都督的措施受到不同程度的破坏。

魏晋朝廷对都督监督颇严，一旦发现违反朝廷法度，即采取相应措施。唐彬发冀州车牛未上报，即被御史槛车征付廷尉。石崇为徐州都督，与刺史高诞争酒相侮，即被免官。但宗王出镇后，自以贵戚，“进不求名，退不畏咎”③，虽胡作非为却得不到处罚。梁王彤都督关中，时值齐万年率氐羌反，有众七万。梁王彤与其部将周

① 《资治通鉴》卷84惠帝永宁元年，中华书局1976年标点本，第2660页。
② 《晋书》卷4《惠帝纪》，中华书局1974年标点本，第102页。
③ 《晋书》卷58《周处传》，中华书局1974年标点本，第1571页。

处有宿怨，命周处率众五千讨之。“将战，处军人未食，肜促令速进，而绝其后继”①，致使周处全军覆没。朝廷虽“尤之，寻征拜大将军、尚书令、领军将军、录尚书事”②，全无追究。赵王伦镇关中，因“刑赏失中，氐羌反叛”，不但未有追究，反而“征还京师。寻拜车骑将军、太子太傅”③。《文选·晋诸公赞》称赵王伦“刑赏失中”，因其“诛羌大酋数十人，胡遂反”④。据《晋书·解系传》等记载，解系等表请诛赵王伦嬖人孙秀以谢氐羌。可知此次关中氐羌反叛完全由赵王伦滥杀引起。西晋有“爵重属亲”⑤犯法不可坐的规定。宗王出镇亦从此法。虽犯法却不可纠，朝廷对都督的那些监督措施也统统失去作用。

都督的长史、司马、参军等皆为朝廷除授。他们是都督的上佐，参与都督府决策事务。如孙楚为石苞参军，对石苞“长揖曰：‘天子命我参卿军事。’”⑥这与公府自辟僚属完全不同。他们参与决策并负有监督之责。在某种程度上可防止都督恣意妄为。西晋宗王出镇后，却在破坏这种制度。如赵王伦嬖人孙秀，本是琅琊小吏。司马伦自琅琊王迁赵王，秀累官赵国，成为赵王伦心腹，为其出谋划策。“伦素庸下，无智策，复受制于（孙）秀。”⑦成都王颖镇邺，卢志为邺令。司马颖“爱其才量，委以心膂，遂为谋主”⑧。三王起兵

① 《晋书》卷58《周处传》，中华书局1974年标点本，第1571页。
② 《晋书》卷38《宣五王梁王肜传》，中华书局1974年标点本，第1128页。
③ 《晋书》卷59《八王赵王伦传》，中华书局1974年标点本，第1598页。
④ 《文选》卷20《关中诗一首》，李善注引《晋诸公赞》，中华书局1977年影印本，第280页下栏。
⑤ 《晋书》卷59《八王赵王伦传》，中华书局1974年标点本，第1598页。
⑥ 《晋书》卷56《孙楚传》，中华书局1974年标点本，第1542页。
⑦ 《晋书》卷59《八王赵王伦传》，中华书局1974年标点本，第1600页。
⑧ 《晋书》卷44《卢钦附卢志传》，中华书局1974年标点本，第1256页。

后，司马颖即自用卢志为咨议参军，补左长史。在他自辟长史、司马之前，卢志实际已参与司马颖府的决策了。朝廷委派的长史、司马等参与都督决策并负有监督之责的制度已被破坏。可见，在西晋时期，一方面中军的力量在削弱，另一方面由于宗王出镇，朝廷控制都督的措施也在不同程度地受到破坏，都督制的彻底演变，已经是不可避免了。

都督制地方化是在八王之乱赵王伦篡位、三王起兵之际。永宁元年（301），赵王伦用他掌握的禁兵之权篡位，取代惠帝自称皇帝。赵王伦篡位成了地方都督举兵的导火线。齐王冏、成都王颖、河间王颙共同起兵讨伐赵王伦。赵王伦虽有禁兵出战，终不敌三王攻势。这场内争终以地方都督兵进洛阳而结束。自此以后，朝廷再无任何力量控制地方都督。

首先，西晋的中军在诸王的争战中消耗殆尽。赵王伦篡位，三王起兵。赵王伦被废后，宿卫兵即遭清洗；成都王颖战胜长沙王乂，除大开杀戒外，又将宿卫兵大量驱除。不仅如此，东海王司马越专断朝政之后，“又以顷兴事多由殿省，乃奏宿卫有侯者皆罢之。时殿中武官并封侯，由是出者略尽……（乃以东海）国兵数百宿卫”①。中军由此消耗殆尽，朝廷已无任何实力控制地方都督。

其次，长史、司马由都督自辟，本为监督都督而设的军司，亦降为一般僚属地位。

长史、司马本为朝廷除授。司马伦杀贾后，总揽朝政，这一制度即成虚设。赵王伦自为大都督、都督中外诸军事，“欲收人望，选用海内名德之士，以前平阳太守李重、荥阳太守荀组为左、右长史，

---

①《晋书》卷59《八王东海王越传》，中华书局1974年标点本，第1624页。

东平王堪、沛国刘谟为左、右司马”①。长史、司马已由他自己任用。

赵王伦篡位后，“时齐王冏、成都王颖、河间王颙并拥强兵，各据一方。（孙）秀知冏等必有异图，乃选亲党及伦故吏为三王参佐”②，欲图监控三王。但这对于防止诸王起兵起不到任何作用。赵王伦以其将管袭为齐王军司。齐王冏“潜与离狐王盛、颍川王处穆谋起兵诛伦。……冏既有成谋未发，恐事泄……乃收袭杀之”，③ 然后移檄州郡起兵。昔日的“监军”成为都督任意处置的下属。自此，都督开始自置长史、司马。“及齐王冏举义，颖发兵应冏，以邺令卢志为左长史，顿丘太守郑琐为右长史，黄门郎程牧为左司马，阳平太守和演为右司马。”④ 不但长史、司马由都督自辟，就是军司亦降为一般僚属的地位⑤。

所以，三王起兵之后，朝廷对都督的控制手段皆已丧失。中央集权的衰落，使都督完全变成拥兵自重的地方势力。都督的地方化有这样几个特点：

首先，都督皆兼领刺史，成为一方军民兼治的最高长官。司马略都督青州，“逼青州刺史程牧，牧避之，略自领州”⑥。司马虓都督豫州，“自牧冀州，（刺史温）羡乃避之”⑦。《通典·职官·卷十四》“都督”条称：“太康中，都督知军事，刺史理人，各用人焉。

---

① 《资治通鉴》卷 83 惠帝永康元年，中华书局 1976 年标点本，第 2642 页。

② 《晋书》卷 59《八王赵王伦传》，中华书局 1974 年标点本，第 1602 页。

③ 《晋书》卷 59《八王齐王冏传》，中华书局 1974 年标点本，第 1606 页。

④ 《晋书》卷 59《八王成都王颖传》，中华书局 1974 年标点本，第 1516 页。

⑤ 《晋书》卷 59《八王东海王越传》：“越以（刘）洽为左司马，尚书曹馥为军司”（中华书局 1974 年标点本，第 1623 页）。军司已在司马之下。

⑥ 《晋书》卷 37《高密文献王泰附子略传》，中华书局 1974 年标点本，第 1095 页。

⑦ 《晋书》卷 44《温羡传》，中华书局 1974 年标点本，第 1267 页。

惠帝末乃并任。非要州则单为刺史。”[①] 至此，有不治军的刺史，已无不治民的都督。

其次，都督参佐僚属皆自辟，亦掌握了辖区内郡县守令的任命权。苟晞为都督青州诸军事、青州刺史，“多置参佐，转易守令”[②]。司马越为徐州都督，“越三弟并据方任征伐，辄选刺史守相”[③]。

还有，在都督的混战兼并中，出现了统辖数州的都督。永嘉元年（307 年）司马模都督秦、雍、梁、益四州，司马越都督司、冀、兖、豫、幽、并六州，苟晞都督青、徐、兖、豫、荆、扬六州，司马睿都督扬、江、湘、交、广五州等等。数州都督的出现，正是地方权力大为膨胀的结果。八王之乱中都督地方化形成的这三个特点，作为政治遗产而为东晋所继承。东晋时期，地方势力跋扈，究其原因，就在于门阀士族控制了都督制这个工具。

---

① 《通典·职官十四》卷 32，中华书局 1984 年版，第 185 页下栏。
② 《晋书》卷 61《苟晞传》，中华书局 1974 年标点本，第 1667 页。
③ 《晋书》卷 59《八王东海王越传》，中华书局 1974 年标点本，第 1623 页。

第五章

地方势力跋扈下的东晋政局

东晋时期，划江而治。都督不仅兼治军民，对其辖区地方官员亦可任命，且都督之间也有统隶关系。都督权力大直接造成东晋一朝政局动荡不安。

东晋初年，王敦据荆州以制扬州后，士族权臣多据此对下游朝廷造成威胁。自成帝时京口重镇形成，中枢常倚此镇以抗荆州，使上下游力量之间大体平衡。司马氏衰弱的皇权就在方镇相维相抗中得以维持百余年。

第一节　都督权力的全盛

西晋末年，都督制地方化后，都督的权力急剧膨胀。地方都督权力大盛的这一情况，为东晋所继承，从而对东晋的政局产生了重要影响。这种情况的出现，与东晋建国的特点有重要关系。

与历史上许多皇朝的建立不同，东晋开国皇帝不是通过武力建立起自己的统治。司马睿虽为西晋宗室，但是远支疏属，声望不高，又非强藩重王，兵权亦弱。他能称帝建国，完全是在当时南北民族矛盾尖锐的情况下，那些有势力门阀士族支持的结果。所以，东晋建国之初，皇帝手中就缺乏一个强大的兵权。皇权先天不足，也就无法改变都督权力大盛的事实了。

西晋出镇地方的宗室诸王，在晋末的内争及胡族起事中已死亡殆尽。东晋初年，有“五马渡江”之说。但真正出镇地方，握有兵权的却是门阀士族。士族专兵是东晋特有的现象。这也是为什么东晋士族可与司马氏皇室“共天下”甚至凌驾于皇室之上的原因所在。士族专兵下东晋的都督制出现了三个特点。

第一，东晋划江为守。沿江皆为要地。而尤以荆、扬、徐三州为重。荆州居上流形胜，地广兵强，据此可以外制内。扬州为都城所在，据此可居中执政。后来居上的徐兖都督驻京口，控扼三吴，拱卫京师。东晋居此三州都督者，皆为当时门第势力最盛之士族。琅琊王氏之王敦、王含、王舒先后刺荆州十年。桓温据荆州近二十年，其兄弟子侄又继之，成为“桓氏世莅荆土”① 的局面。郗鉴任徐兖都督十年，其家族势力支配这一地区达四十余年。至于扬州都督更是第一流高门才能出任。

第二，都督之间出现统隶关系。东晋时，兼辖数州的都督可居其辖区内诸州都督之上。如王敦都督荆、江、湘、广等州，司马承为监湘州诸军事。王敦以北伐为名，“悉召承境内船乘，承知其奸计，分半与之”②。如沔中都督、会稽都督，更是分别为荆州都督、扬州都督所控制。如陶侃为荆州都督，以桓宣为沔中都督；庾翼为荆州都督，以子方之为沔中都督。苏峻之乱时，王导以王舒为会稽

---

① 《晋书》卷74《桓彝附石民传》，中华书局1974年标点本，第1946页。

② 《晋书》卷37《宗室谯刚王逊附子承传》，中华书局1974年标点本，第1105页。

都督作为外援。这种情况正如吴廷燮《晋方镇年表序》中所称：“上游（荆州）之任，号称分陕，北府（徐兖）之重，亦领数州。交、广、益、宁，又有分督，然对荆督，仍如统府。”① 都督权力的高下之分，说明地方权力之重。魏晋时都督彼此间无统属关系，一个都督难与朝廷对抗。东晋势力极强的都督可以控制其他都督，自然可以对抗乃至凌驾于朝廷之上。

第三，都督不但兼统军民，而且其辖区内地方官员的任命亦可直接干预。王敦为江扬荆湘交广六州都督，自选置刺史以下。周访镇襄阳，“守宰有缺辄补，然后言上”②。桓冲为江荆等七州都督，上表“请以王荟补江州刺史。诏从之。时荟始遭兄劭丧，将葬，辞不欲出。于是卫将军谢安更以中领军谢輶代之。冲闻之而怒……求自领江州，帝许之”③。

西晋末年，都督领刺史已在事实上为东晋所承认。都督府成为州之上的一级地方政府。都督势力极大者控制数州地盘，可占东晋全国土地的一半以上。其辖区内官员的任免事实上又归于都督。这颇与东汉末年地方大权集于州牧刺史之手相类。不同的是，东汉末州牧刺史造成割据混战的局面，最后造成东汉政权崩解、三国分立出现。东晋地方都督权重，但由于南北民族矛盾及士族、方镇间的相互制约，却使东晋衰弱的皇权得以延续百余年。

---

① 《晋方镇年表·序》，《二十五史补编》第三册，中华书局 1956 年影印本，第 3415 页上栏。

② 《晋书》卷 58《周访传》，中华书局 1974 年标点本，第 1581 页。

③ 《晋书》卷 74《桓冲传》，中华书局 1974 年标点本，第 1591—1592 页。

第二节　荆、扬对立

一　荆州强藩地位的形成

《宋书·临川王义庆传》云："荆州居上流之重，地广兵强，资实兵甲，居朝廷之半。"① 这虽是说宋初荆州的情况，但东晋时已是如此。由于荆州在东晋方镇中实力最强，故居荆州之任的士族可凭借其实力成为下游朝廷的威胁。

东晋立国，有类孙吴，划江为守。上游方镇对下游的重要性亦是相同。但是，孙吴时上游从未对下游造成威胁。而东晋时上下游之争频频发生，尤以荆、扬之间的冲突最为显著。田余庆先生论及孙吴与东晋上下游关系如此不同时指出，原因之一为"东晋士族力量远远超过孙吴士族的力量，而东晋皇权又远弱于孙吴皇权"②。东晋荆州权力如此之重，应该说与上述历史背景有关。依照田先生的分析，我们对东晋荆州强藩地位的形成过程，作一讨论。

《晋书·元帝纪》史臣曰："晋氏不虞，自中流外。……元帝以一州临极……王茂弘为分陕之计，江东可立。"③ 其时以荆州地位之重要，仿古称之，以荆州比陕西，刺荆州曰"分陕"。依房玄龄等人所言，司马睿渡江后夺取荆州，是实现江东立国的关键一举，实出

① 《宋书》卷51《临川王义庆传》，中华书局1974年标点本，第1476页。

② 《东晋门阀政治》，北京大学出版社1989年版，第116页。以下凡引此书简称《门阀》。

③ 《晋书》卷6《元帝纪》，中华书局1974年标点本，第158页。

自王导之计。[1] 此对荆州地位的形成，至关重要。现考之纪、传，略述如下。

自汉末孙权占据下游会稽诸郡后，上游荆州地位的重要渐为人所认识。赤壁之战前，甘宁投奔孙权，献策云："南荆之地，山陵形便，江川流通，诚是国之西势也。"[2] 即劝孙权攻刘表夺荆州，渐取巴蜀，以与北方相抗衡。赤壁之战后，刘备得据荆州江南四郡。后又以地少不足容众，求孙权所据荆州江汉之地。孙权时欲广引英雄抗曹，遂同意刘备所请。周瑜虽表示反对，也仅认为刘备是枭雄，今割土地资业之，恐蛟龙得云雨，非复池中物，并未能认识到荆州对下游事关安危。及孙权移都建业，刘备又夺得蜀地，势力不断扩张，孙权方感到荆州在刘备手里如鲠在喉，所以不惜撕破脸皮，袭杀关羽夺回荆州。孙权割据江东的形势，至此才得以巩固。

东晋割据江东过程有似孙吴。

永嘉元年（307）司马睿"用王导计"渡江入驻建业。其时北方已大乱。王、马渡江必要有所考虑。因此，孙吴割据江东的形势，上游荆州的重要，王导势必了然于胸。但渡江之初，司马睿、王导尚无力量向上游发展，只是致力笼络江东士族，以求立足。及永嘉五年（311），王导从兄王敦始为扬州刺史、加都督征讨诸军事，率诸将沿江而上，开始夺取上游诸州。王导如此部分，原因有三：

---

① 按此事不见于今本《晋书》有关纪传。但房玄龄所云当有所本。《晋书》论赞常有一些纪传所不载的史事可补其缺。关于这点还可参见周一良先生《魏晋南北朝史札记》中《晋书札记》"持尺威帝"条。中华书局1985年版，第48页。

② 《三国志》卷55《甘宁传》，中华书局1975年标点本，第1292页。

第一，北方最后一个强藩司马越已全军覆没，都城洛阳为匈奴刘聪军包围，西晋灭亡已成定局。这正是司马睿、王导实现别树一帜、割据江南的时机。

第二，永嘉四年石勒率大军沿汉水而下进攻江南。永嘉五年初，又陷江夏，给下游建业造成很大威胁。建业上游诸州除流民起义在活动外，尚有西晋所署刺史不肯服从司马睿的“教令”。因此，不夺取上游诸州，建业无安全可言。

第三，由于北方大乱，中原士族率部曲源源过江。“中州士女避乱江左者十六七，导劝帝收其贤人君子，与之图事。”① 有了士族势力的凭借，才能进行这一事关江东安危的军事行动。

王敦自永嘉五年起，经数年苦斗，至建兴三年（315）驱逐了江州的华轶，镇压了上游的王如、杜弢等流民武装，稳定了上游，打通了长江沿线的联系，司马睿割据江东形势至此而成。

夺取上游荆州等地，直接关系到“江东可立”与否。此举的重要，我们还可以从两件事得到证明。

永嘉六年（312），石勒兵临淮颍，“课农造舟，将寇建业”②。其时江东震动。司马睿调集兵众于寿春，只派镇东长史纪瞻都督诸军抵御石勒，并未将握有强兵的王敦自西线调回。

建兴三年（315）义兴豪族周勰因侨人驾驭吴人，吴人颇怨，以讨王导、刁协为名，在吴兴等地收合徒众，“豪侠乐乱者翕然附之”③。周勰之乱，近在肘腋。王导仍未肯让王敦统兵回援。

---

① 《晋书》卷65《王导传》，中华书局1974年标点本，第1746页。
② 《晋书》卷104《石勒载记》，中华书局1974年标点本，第2716页。
③ 《晋书》卷58《周处附勰传》，中华书局1974年标点本，第1574页。

王敦夺取上游之地，江南寒门陶侃、周访等起了很重要的作用。两晋之际，西晋对江南控制松弛，江东士族亦无力控制这一地区的局势。乘此际会，江南寒门十分活跃。陈敏企图割据江东，正反映这一阶层欲摆脱士族的压抑而在政治上有所作为的动向。陈敏因得不到江东士族的支持而失败。陶侃、周访在夺取荆州过程中，积功虽大，但他们所能起到的作用，是为士族势力沿长江扩张而有所驱除。陶、周功高不得赏，几遭杀身之祸，最后还被排挤至边地。这也说明当时社会上最有势力的是士族而不是其他阶层。

所以，“分陕之计”出于王导而成于王敦，“江东可立”实现的绝不是晋室的中兴，而是琅琊王氏得据上游强藩、以外制内的优势。这奠定了王氏与司马氏共天下的基础。王敦夺取上游后，即以江州刺史都督江、扬、荆、湘、交、广六州，选置刺史以下，“专擅之迹渐彰矣”①。他得以荆、江实力两次称兵于建康。后王敦虽然败亡，但荆州地位并未因此受到削弱。其他士族仍得据上游构成对下游朝廷的威胁。《晋书》撰者房玄龄等有感于东晋权臣据荆州以外制内的形势，认为是“维扬作宇，凭带洪流，楚江恒战，方城对敌，不得不推诚将相，以总戎麾”，所以才造成了“威权外假，嫌隙内兴，彼有顺流之师，此无强藩之援”② 的局面。实际上，荆州强藩地位的形成，是士族政治发展的结果。只要士族政治不改变，荆州地位就不会削弱，荆州就只能是士族与司马氏共天下的工具。

---

① 《晋书》卷98《王敦传》，中华书局1974年标点本，第2555页。

② 《晋书》卷6《明帝纪》，中华书局1974年标点本，第165页。

二 元、明两朝的荆、扬斗争

东晋元、明两朝都曾为改变朝廷受制于上游荆州地方势力而进行一番较量。

王敦控上游荆州之后，专擅之迹渐露。当时王导居中辅政，分陕而治的王敦“专任阃外，手控强兵”，“遂欲专制朝廷，有问鼎之心”①。

东晋是士族与司马氏共天下。司马睿知道若无士族的支持，不可能坐稳天下。故登基时一定要王导与他共坐御床。另一方面，东晋皇权虽弱，皇帝制度仍存，集权的传统就必然影响受制于士族的司马睿。因此，司马睿抛弃了司马氏“本诸生家，传礼来久”的儒学传统，转而推重“申韩”以法御下，力图改变皇权低落的情况。②为此，元帝司马睿内引刁协、刘隗以为心臂，疏远王导，外则布置方镇以图制约王敦。

作为皇权实力基础的中央禁兵，元帝时甚为寡弱。《晋书·刘超传》云：“会（明）帝崩，穆后临朝，迁射声校尉。时军校无兵，义兴人多义随超，因统其众宿卫，号为‘君子营’。”③ 这是明、成帝之际禁兵的实际情况，元帝时当更为寡弱。

元帝外制王敦所能倚仗的，只有湘州、合肥、淮阴三处方镇之兵。时司马承镇湘州。④ 湘州虽有“上流之要，控三州之会”⑤ 之

---

① 《晋书》卷98《王敦传》，中华书局1974年标点本，第2557页。

② 唐长孺：《王敦之乱与所谓刻碎之政》，载《魏晋南北朝史论拾遗》，中华书局1983年版。

③ 《晋书》卷70《刘超传》，中华书局1974年标点本，第1876页。

④ 王敦欲与元帝争夺湘州，表沈充为刺史。见《晋书》卷37《宗室谯刚王逊附子承传》。

⑤ 《晋书》卷37《宗室谯刚王逊附子承传》，中华书局1974年标点本，第1104页。

称，但当时地荒人稀，公私困弊。出镇合肥、淮阴的分别是戴若思、刘隗。他们所统之兵，即“免中州良人遭难为扬州诸郡僮客者，以备征役”① 之人组成。在东晋世兵制度下，一旦征点为兵，即注兵籍，世代为兵。兵户社会地位极为低下，当时战争频繁，死亡率很大。对这些被征为兵的奴客来说，无疑是场灾难。以这样方式组织的军队并缺乏训练，也就难有战斗力。所以，永昌元年王敦起兵东下，湘州刺史司马承只有据城自守，根本无力牵制王敦之兵。而戴若思、刘隗率军入援建康，一战即溃。这场方镇与中枢之争，只能以王敦兵入建康、挟制朝廷而结束。

元帝的失败，是士族政治的结果，也是方镇势力强大造成的。具体说来，是王敦占据上游荆、江二州，实力大大超过下游朝廷所据扬州实力之故。

所以，明帝在平王敦之乱后，力图改变上游对下游的威胁。《晋书·明帝纪》云：“属王敦挟震主之威，将移神器，帝崎岖遵养，以弱制强。潜谋独断，廓清大祲，改授荆、湘等四州，以分上流之势，拨乱反正，强本弱枝。”② 这是明帝企图解决上游方镇实力过大的一次重大举措，而本纪对此记述不详，我们对此略加叙述。

自永嘉五年王敦率诸军沿江而上时，其官职为扬州刺史、都督征讨诸军事。王敦夺取江州和平定湘州流民武装之后，加都督江、扬、荆、湘、交、广六州诸军事，江州刺史。这时除荆州刺史外，江、扬州刺史皆为王敦所领。司马睿称晋王，王敦将扬州刺史让予

---

① 《晋书》卷6《元帝纪》，中华书局1974年标点本，第154页。
② 《晋书》卷6《明帝纪》，中华书局1974年标点本，第165页。

王导。司马睿登基，加王敦荆州牧。《通鉴》卷一二八宋孝建元年条云：“初，晋氏南迁，以扬州为京畿，谷帛所资皆出焉；以荆、江为重镇，甲兵所聚焉，常使大将居之。三州户口，居江南之半。”① 王敦控制荆、江后，又使其党羽据荆州两翼的湘、梁二州，更增加了他军事上和政治上的实力。这种历史教训使明帝一定要在平定王敦之后在削弱方镇实力上采取措施。当时明帝所能做到的只能是调整上游都督的人选和缩小都督的辖区。

明帝改授荆、湘等四州，应包括江、梁二州。这里对王敦夺取梁、湘二州的过程作一简单回顾。

湘州的地理位置在军事上有“在上流之要、控三州之会”之称。王敦曾企图将势力扩张至此州。时王敦表宣城内史沈充为湘州刺史，因元帝抵制，未能如愿。元帝用司马承为监湘州诸军事、湘州刺史。司马承是“分督”，军事上还接受王敦指挥。永昌元年，王敦起兵东下，司马承曾倡议攻江陵，欲断长江阻王敦的退路，兵未出动，王敦使魏乂攻破湘州，司马承被杀。湘州刺史即由魏乂担任。

梁州刺史驻襄阳。襄阳北抗强胡，屏蔽江汉。沿汉水而下直抵夏口、武昌。陆路距江陵五百，可抚荆州之背。王敦与元帝相持时，梁州并不在他的都督辖区内。元帝以周访为梁州刺史。周访在襄阳“善于抚纳，士众皆为死。闻敦有不臣之心，访恒切齿。敦虽怀逆谋，故终访之世未敢为非”②。周访死，王敦欲以从事中郎陈颁刺梁州。元帝不从，而用甘卓。王敦自武昌起兵时，曾邀甘卓同下。甘

① 《资治通鉴》卷128孝武帝孝建元年，中华书局1976年标点本，第4020页。
② 《晋书》卷58《周访传》，中华书局1974年标点本，第1581页。

卓先是同意，后又起兵顺汉水而下讨王敦。王敦闻之大惊，武昌人皆奔散。因甘卓迟疑不下，滞留途中，王敦遂攻下建康。后王敦使人袭杀甘卓，“以周抚为督沔北诸军事，代卓镇沔中”（胡注曰：自南郑至襄阳，沔水所由也，故谓之沔中）[①]。湘、梁二州尽入王敦之手。

平王敦后，明帝必驱除上游党王敦势力。荆、湘、江、梁皆有任命。

王敦始平，王导从弟王舒得为荆州刺史。太宁三年（325），明帝以陶侃取代王舒据荆州。陶侃为江南寒门，平王敦时远在广州，并无建树，却被拔擢为荆州，实与明帝抑制琅琊王氏势力有关。王敦再叛，王导曾暗中与王敦通关节，将朝中军情告与王敦。王敦平后，王导反得剑履上殿的优待，其从弟王舒留任荆州。此外，周札得谥、王敦参佐一无所问，都说明琅琊王氏在朝内外仍有很大的势力。[②] 另一方面，最初在争夺上游过程中，陶侃因立有大功而被司马睿表为荆州刺史。及上游清定，王敦夺其荆州，还欲加害于他，终将他摒弃边地，转为广州刺史。陶侃望非世族，俗异诸夏，无门资可凭借，亦无家族势力为援。像他这样的寒门，欲在东晋门阀社会中立足，只有攀附帝室一途。[③] 有鉴于此，王敦平，明帝超擢陶侃为荆州刺史，使其统领这个东晋最有实力的方镇而为朝廷所用。而且陶、王有宿怨，这样做既可清除王敦在荆州的潜在势力，也可自外

① 《资治通鉴》卷92元帝永昌元年，中华书局标点本1976年版，第2907页。

② 见《门阀》第57页。

③ 太宁元年，陶侃平定交州梁硕之乱。明帝以侃“领交州刺史，录前后功，封子夏为都亭侯，进号征南大将军、开府仪同三同”。（《晋书·陶侃传》）从梁硕为乱到平定，前后只用一个月时间。平定这样一场小小的叛乱，明帝就如此加官晋爵，说明他已注意笼络陶侃。对此，陶侃当然心领神会。

抑制朝中的王导。[①] 东晋一朝，寒门如陶侃可以官至荆州刺史的，可以说绝无仅有。他正是平王敦之后皇权有所伸张的特定情况下，才能上升到如此地位。

陶侃为荆州主要是为抑制王氏势力，还可以从当时的荆、湘关系中看出。明帝以陶侃代替王舒，将王氏势力挤出荆州。“迁（王）舒为安南将军、广州刺史。舒疾病，不乐越岭，朝议亦以其有功，不应远出，乃徙为湘州刺史、将军、都督持节如故。”[②] 所谓“朝议”云云，实际应是王导的影响在起作用。王舒仍得为上游湘州刺史，这是明帝对王导的某种妥协。但从陶侃时为“都督荆、湘、雍、梁”[③] 四州，则王舒实际上被置于陶侃的统帅之下。王舒在湘州任上不足一年（大宁三年六月至咸和元年四月），就在陶侃的逼迫下被征入京，琅琊王氏已无人据上游方镇。

梁州刺史改授的情况不详。

江州方面，明帝则以应詹为刺史。应詹父秀、秀兄贞，晋室践祚，“以儒学与太尉荀顗撰定新礼”[④]。应詹颇受此家风熏习。元帝时他曾上疏建议为使“君有常尊，臣有定卑，上无苟且之志。下无觊觎之心”，应在“大荒之后，制度改创。宜因斯令，厘正宪则”[⑤]。

---

① 陶侃、王导关系一直不睦，与这宿怨不无关系。陶、王交恶可见《晋书·陶侃传》、《世说新语·方正篇》“梅赜尝有惠于陶公”条。这种关系甚至影响到陶、王下一代，见《世说新语·方正篇》“王修龄尝在东山甚贫乏”条。

② 《晋书》卷46《王舒传》，中华书局1974年标点本，第2000页。

③ 《晋书》卷6《明帝纪》，中华书局1974年标点本，第163页。《通鉴》卷九三明帝太宁三年条同。《晋书·陶侃传》则为“都督荆、雍、益、梁”，疑有误。

④ 《三国志》卷21《王粲传》附《应璩传》注引《文章叙录》，中华书局1975年标点本，第604页。

⑤ 《晋书》卷70《应詹传》，中华书局1974年标点本，第1858页。

应詹还抨击玄风，提出应“修辟雍，崇明教义”[①]。凡此种种，元帝“深纳之”。看来，应詹亦属礼法旧族。虽然他并不似卞壶、刁协、刘隗那样锋芒毕露，但崇上抑下也是他的行事准则。明帝平王敦前，他是参谋献计之一；[②] 并亲率军为前锋。这些都是明帝以他为江州刺史的重要原因。明帝选中他还有一个重要原因是他与陶侃有旧好。

西晋末，应詹和陶侃曾同为荆州刺史刘弘下属。平杜弢时二人同为一军。十年之后。应詹给陶侃信中曾忆往事云：“每忆密计，自沔入湘，颉颃缱绻，齐好断金。”[③] 可见，他们的“缠绵旧好”的关系，可在一定程度上保持荆、江两州协同为朝廷所用。这是明帝表面一层的打算；深一层的目的则是利用这种关系使应詹能在荆、扬之间居中调处或阻止上游可能兴发的顺流之师。荆州居上流形胜，陶侃重兵在握，觊觎之望在所难免。江州对下游来说为“中流衿带”[④]。江州处荆、扬两大镇之间，凭其一州之力既不可下逼扬州，更不可能与荆州对抗。因为它所处地位，必然成为荆、扬争夺对象。江州若为建康所用，荆州难于逞强，或受制于建康。[⑤] 咸和元年（326）应詹病笃，曾与陶侃书云：“足下建功峤南，旋镇旧楚。吾承乏幸会，来忝此州。图与足下进共竭节本朝，报恩幼主……今神州未夷，四方多难，足下年德并隆，功名俱盛，宜务建洪范，虽休勿休，至公至平，至谦至顺，即自天佑之，吉无不利。人之将死，

---

① 《晋书》卷70《应詹传》，中华书局1974年标点本，第1859页。

② 明帝谋讨王敦，先后与郗鉴、王导及从弟王舒、温峤、应詹等人谋划定计。

③ 《晋书》卷70《应詹传》，中华书局1974年标点本，第1861页。

④ 《南齐书》卷14《州郡志上》，中华书局1972年标点本，第260页。确切地说，《南齐书》所说江州为“中流衿带”是州治指移驻武昌后。江州原治豫章。王敦为江州时驻武昌，目的是逼迫建康。应詹时治何处，史籍无载。应詹死后温峤为江州时亦镇武昌。以此推之，应詹也应镇武昌。这对建康朝廷来说，能起到“中流衿带”的护卫作用。

⑤ 参见《门阀》，第117页。

其言也善。足下察吾此诚。”[①] 应詹此语不无老友之情，但告诫陶侃勿为非分之想，亦显露其间。这也可反证明帝以应詹为江州的重要目的。

据以上所述，明帝在平王敦之后，改授荆、湘等四州，解决了将琅琊王氏驱除出上游诸州的问题，也暂时缓解了来自上游的压力。士族政治的特征是主弱臣强。而在中央地方关系上则表现为朝廷无力控制势力强大的方镇。只要士族政治不改变，中央和地方关系这一特征就不会改变。所以从这一点上说，明帝通过改授荆、湘等州来达到强本弱枝，其效果只能是暂时的。明帝一死，上下游一度平衡的局面又出现变化。

第三节　徐兖重镇的形成及其对方镇与朝廷关系之影响

一　荆扬矛盾与徐兖重镇的形成

咸和四年（329），徐兖刺史郗鉴自广陵移镇京口，使东晋初年以来下游中枢为上游强藩所制的局面顿时改观。京口，孙吴时始为重镇。[②] 东晋元、明两朝，京口一直不为重镇所在。成帝时京口成为下游重镇，自然有特定的政治、历史原因。关于这一点，田余庆先生《东晋门阀政治》一书《论郗鉴》一章从地理、政治、军事诸方面对京口成为江东重镇的原因论述甚详，可参看。这里仅从上游方

① 《晋书》卷70《应詹传》，中华书局1974年标点本，第1861页。

② 《元和郡县图志》卷二五《江南道一·丹阳》，中华书局1983年标点本，第590页。

镇与下游中枢间的矛盾来分析京口在咸和四年成为江东重镇的原因。

太宁三年（325），明帝死，成帝即位，东晋政局为之一变。成帝幼冲，庾太后临朝，外戚庾亮地位扶摇直上，政事一决于庾亮。庾亮执掌中枢，任法裁物，内翦宗室，外削方镇，使众情嚣然。结果因强征苏峻，引起反叛。苏峻自上游起兵攻入建康。

苏峻之乱，使建康"宗庙宫室并为灰烬"①，帑藏为之空竭。江东遭此大劫，庾亮不得不引咎出镇豫州。

苏峻之乱后，政局出现的另外变化是上游陶侃迅速扩大地盘，咄咄逼人。居中枢扬州的王导则联络郗鉴以为外援。双方矛盾的发展，直接造成了郗鉴移镇京口这一重大变化。

庾亮执政时，曾以温峤为江州刺史，镇武昌，并修石头城防遏陶侃。陶、庾矛盾呈表面化。苏峻兵起，建康不守。温峤邀陶侃东下，陶以"吾疆埸外将，不敢越局"② 为借口推辞。后经温峤反复劝说，才率军东下。苏峻之乱平定，陶侃居功第一。苏峻造成的纷乱之局，急需抚理。陶侃深知建康局势绝非他所能左右，转向上游扩充势力。

第一，陶侃先夺得湘州。《晋书·成帝纪》云："（咸和四年二月）时兵火之后，宫阙灰烬，以建平园为宫。甲午，苏逸以万余人自延陵湖将入吴兴。乙未，将军王允之及逸战于溧阳，获之。壬寅，以湘州并荆州。"③ 按，时苏峻之乱始平，朝廷喘息未定，忽然罢省湘州，且不书原因。此事出于突兀。但细究原委，实与陶侃争夺湘州有关。

咸和元年，陶侃将王舒逐出湘州，朝廷署卞敦为湘州刺史。卞

---

① 《晋书》卷65《王导传》，中华书局1974年标点本，第1751页。
② 《晋书》卷66《陶侃传》，中华书局1974年标点本，第1774页。
③ 《晋书》卷7《成帝纪》，中华书局1974年标点本，第174页。

敦曾为王敦军司。王敦专制朝政，表卞敦为都督石头军事。因苏峻之乱时卞敦拥兵不下，陶侃奏请槛车收付廷尉，又为王导所袒护，说明卞敦与琅琊王氏关系非同一般。他接替王舒出刺湘州，很有可能出于王导的安排。《晋书·卞敦传》云："苏峻反，温峤、庾亮移檄征镇同赴京师。敦拥兵不下，又不给军粮，唯遣督护荀璲领数百人随大军而已。时朝野莫不怪叹，独陶侃切齿忿之。"[①] 苏峻平，陶侃奏卞敦阻军顾望，不赴国难，无大臣之节，请槛车收付廷尉。丞相王导以丧乱之后"宜加宽宥"予以阻拦。陶以所谓"阻军顾望，不赴国难"劾奏卞敦，其实他起初未尝不是如此。当勤王义军与苏峻屡战不胜时，陶侃竟欲收兵回荆州。只是温峤再三劝阻，他才同意留下。在这个问题上他和卞敦不过是五十步笑百步。陶侃之所以"独切齿忿之"，于此大做文章，是借此驱逐卞敦，夺取湘州。

弄清这一点，陶、王争夺湘州的过程就可勾勒如下：咸和元年，成帝始即位，在陶侃的压力下，王舒不得不离开湘州。王导即派与其关系密切的卞敦出刺湘州，使琅琊王氏的影响仍然保持在上游。苏峻之乱，卞敦拥兵不下，给了陶侃机会。时苏峻始定，人情未安，陶侃重兵在握，即提出奏免卞敦。在这种情况下，朝廷不得不屈从于陶侃的压力而将卞敦罢免并将湘州并入荆州。

陶侃在取得湘州之后，四月，"以江陵偏远，移镇巴陵"[②]。巴

---

① 《晋书》卷70《卞敦传》，中华书局1974年标点本，第1874页。按，原文为"独陶侃亦切齿忿之"。本卷《校勘记》引《校文》云："独"字衍。若按《校文》，则为"时朝野莫不怪叹，陶侃亦切齿忿之"，但此意仍可酌。因陶侃、王导争夺湘州暗流涌动，苏峻之乱卞敦竟拥兵不救，朝野无不怪叹，故"独陶侃切齿忿之"，于意为佳，迳改。

② 《晋书》卷66《陶侃传》，中华书局1974年标点本，第1775页。

陵“边带长江，去夏口密迩”[①]。其目的在于逼近建康甚明。

第二步，陶侃夺取江州。在湘州并入荆州的当年，江州刺史刘胤为郭默所杀。咸和五年（330），陶侃自上游顺流而下。兵不血刃诛郭默得据江州。[②] 陶“侃旋于巴陵，因移镇武昌”[③]。陶侃在平定苏峻之乱后仅一年多的时间就得据整个上游地区。他每得一州即移师东驻。史称其时陶侃“都督八州，据上流，握强兵，潜有窥窬之志”[④]。他重兵在握，顺流至武昌，形势和王敦当年起兵前的情况完全一样。

苏峻之乱后，庾亮不得不出都，外藩勤王诸将皆返其镇。朝政一归于王导。平苏峻时陶侃入京师，曾羞辱王导[⑤]，返镇后迅速扩充势力步步逼近建康，其矛头是针对王导。

在苏峻之乱前，王导使卞敦出镇湘州，王舒移镇会稽。《晋书·王舒传》云：“时将征苏峻，司徒王导欲出舒为外援，乃授抚军将军，会稽内史，秩中二千石。”[⑥] 这是王导巩固其在建康地位的一种措置。咸和四年，卞敦为陶侃所逐，王舒病死。其时王导虽居中枢，外无方镇可依恃，又因“群从死亡略尽，子弟零落”[⑦]，势单力孤。所以王导为维持其家族地位不坠，防止陶侃随时可能兴发的上游之师，他积极联络郗鉴，以为外援。

郗鉴，高平金乡的大族。西晋末曾在北方组织宗族、部曲抗击

---

① 《宋书》卷66《何尚之传》，中华书局1974年标点本，第1738页。

② 陶侃出兵，是与王导争夺江州。参见《门阀》，第63页。

③ 《晋书》卷66《陶侃传》，中华书局1974年标点本，第1776页。

④ 《晋书》卷66《陶侃传》，中华书局1974年标点本，第1779页。

⑤ 《晋书》卷66《陶侃传》称，苏峻乱后，“王导入石头城，令取故节，侃笑曰：‘苏武节似不如是！’导有惭色，使人屏之”。（中华书局1974年标点本，第1774页）

⑥ 《晋书》卷76《王舒传》，中华书局1974年标点本，第2000页。

⑦ 《晋书》卷76《王舒附子允之传》，中华书局1974年标点本，第2002页。

石勒。永昌元年（322）被征渡江。平王敦时他是明帝倚重之臣，明帝临终以他为顾命大臣之一，并以为都督徐、兖、青三州军事、徐兖刺史。

郗鉴是高门，这是王导积极联络郗鉴的一个重要原因。因为他们社会地位相仿才能在此基础上发展家族与政治间的亲密关系。王导和郗鉴的紧密关系在咸和初年就已表现出来。《晋书·卞壶传》云："是时王导称疾不朝，而私送车骑将军郗鉴。壶奏，以导亏法从私，无大臣之节。御史中丞阿挠王典，不加准绳，并请免官。事虽寝不行，举朝震肃。"[①]（《通鉴》系此事为咸和元年）王导不惜负免官之责而私送郗鉴，足见两家关系非同一般。王导为司徒时曾辟郗鉴子昙为秘书郎，王、郗又为婚家。这种关系可使王、郗两家互为利用。

王导之所以联络郗鉴，还在于郗鉴所具有的实力。郗鉴南下之前，曾在邹山聚众数万抗击石勒。因此元帝"假鉴龙骧将军、兖州刺史，镇邹山。复为石勒所侵逼，鉴率文武自峄山奔下邳"[②]。明帝时，以郗鉴镇合肥，他所统部众必由下邳移至合肥。

东晋初年，类似郗鉴这样辗转南来的流民武装为数不少。这些流民武装多由宗族乡里组成，与其主帅关系固结，且战斗力极强。祖逖南来时，其"宾客义徒皆暴桀勇士"。苏峻屯历阳，有锐卒万人，其中应多为北人。及苏峻反，陶侃等聚兵五六万，而苏峻军却"东西抄掠，多所擒虏。兵威日盛，战无不克"[③]。所以，东晋朝廷

① 《晋书》卷70《卞壶传》，中华书局1974年标点本，第1870页。
② 《元和郡县图志》卷10《河南道六》，中华书局1983年版，第266页。
③ 《晋书》卷100《苏峻传》，中华书局1974年标点本，第2630页。

对这些流民武装防制颇为严密，不使南渡。

明帝平王敦时，在郗鉴建议下，曾引流民帅苏峻等入建康。平王敦之后，郗鉴镇广陵为徐兖刺史、都督徐兖青三州军事。他所统是否即邹山南下的部众，史无明文。但他所统军队由北人组成，则无问题。这对王导来说，当然是一支可以借用的力量。

平定苏峻之乱过程中，京口对于建康的重要性已充分显示。陶侃在上游的发展，使王导不能不有所举措。郗、王之间已有密切联系，以及当时北方前、后赵相攻，无暇南顾，江北兵力可以适当南移。在王导谋划下，咸和四年郗鉴移镇京口。

郗鉴移驻京口后，缮修京口城，“又徙流民之在淮南者于晋陵诸县”①，处以田宅，使之得以安居。这些都构成了郗鉴的实力基础，使得上游陶侃也未可轻看。

二　京口重镇对东晋政局的影响

京口成为重镇之后，对东晋政局产生了重要影响。自此之后，东晋方镇与中枢之争中，它自始至终是一个重要因素。这主要表现在两个方面。

第一，处于下游的建康中枢，为抵御来自上游的压力，力求控制京口，以使上、下游之间的实力对比趋于平衡。

元、明两朝，由于荆州地广兵强，居上流形胜，故王敦能屡启兵端。苏峻乱后，王导引郗鉴入镇京口后，这种局面顿时改观。《晋书·庾亮传》称：“是时王导辅政。主幼时艰，务存大纲不拘细目。

① 《宋书》卷35《州郡志一》，中华书局1974年标点本，第1038页。

委任赵胤、贾宁诸将，并不奉法，大臣患之。陶侃尝欲起兵废导，而郗鉴不从，乃止。至是，亮又欲率众黜导，又以咨鉴，而鉴又不许。……故其事得息。”① 陶侃欲废王导事在咸和五年。时陶侃已都督八州，移镇武昌，顺流而下，十余日可抵建康。但却为郗鉴所阻。庾亮欲废王导事在咸康五年②，时庾亮都督江荆豫益梁雍六州军事，江、荆、豫三州刺史，仍镇武昌。陶、庾均控制了扬州上游所有地区。只是因郗鉴对他们欲启兵端表示异议，故陶、庾只能作罢。这说明元、明以来下游中枢受制于上游方镇的局面，由于京口重镇的出现，已有根本的改变。

王导得到京口的支持，主要是靠他与郗鉴建立起密切的家族间的关系。这并非东晋所有居中枢执政者都能如此。中枢为控制京口，有时难免要进行一番争夺，而这又往往在不事声张的情况下进行。

孝武帝宁康元年（373），总揽东晋大权的桓温病死。时诸桓仍分领荆、扬等州。宁康三年，扬州刺史桓冲因谢安以时望辅政，惧逼，乃解扬州让予谢安，自求外出。“于是改授都督徐兖豫青扬五州之六郡军事、车骑将军、徐州刺史。以北中郎府并中军，镇京口。”③ 按，桓冲解扬州前为中军将军。《晋书·孝武纪》述此事则为“以中军将军、扬州刺史恒冲为镇北将军、徐州刺史”④，未书其为“车骑将军”。钱大昕《廿二史考异》卷二二认为此事的重点在于：“先是徐兖二州刺史常以北中郎将领之。或加号平北、安北将

---

① 《晋书》卷73《庾亮传》，中华书局1974年标点本，第1921—1922页。
② 陶侃、庾亮欲伐王导时间，田余庆先生有详细考证。见《门阀》，第67—73页。
③ 《晋书》卷74《桓彝附冲传》，中华书局1974年标点本，第1949页。
④ 《晋书》卷9《孝武纪》，中华书局1974年标点本，第227页。

军。冲名位即重，故加号镇北。以中军将军兼领镇北将军，不别置镇北府。其北中郎府官吏皆并入中军府也。”[①] 钱说是。

北中郎府一直是京口地区的兵权所在，并入桓冲中军府后，北中郎将一职遂不复见于记载。中军府实力的增强，有利于加强桓冲的地位。此时桓豁任上游荆州，桓冲居下游徐兖，谢安居扬州处两桓之间，当然会引起谢安的不安。

太元元年（376）正月，仅当了八个月徐兖刺史的桓冲，被任命为车骑将军、都督豫、江二州之六郡军事，出京口移镇姑孰。《通鉴》卷一〇四孝武帝太元元年述此事云：“谢安欲以王蕴为方伯，故先解冲徐州”[②]，甚是。但《通鉴》作者却未注意到另一个重要事实，即桓冲解徐州时其中军将军亦被解职。接任中军将军的为12岁的散骑侍郎司马道子[③]。就是说，包括原徐兖地区军队在内的中军将军府兵权，已归入朝廷，即落入谢安之手。谢安加强控制下游建康一带的兵力，显然是为防止桓氏因失势而激怒生变的一种举措。

桓冲调离京口后，一时无人接任徐兖刺史。余嘉锡先生认为这样的安排有玄机。桓冲太元元年正月解职，太元二年十月王蕴始为徐州，“恐亦不当悬缺，待蕴至年余之久也”[④]。这正是谢安为避免激化矛盾而不能不暂缓一步以等待时机。桓冲被逐出京口，其中军府兵权又被夺，而仅为都督数郡军事，又不兼刺史，其怨恨自不待

---

① 钱大昕：《廿二史考异》卷22，上海古籍1984年版，第367页。

② 《资治通鉴》卷104孝武帝太元元年，中华书局1976年标点本，第3272页。

③ 《晋书》卷64《元四王附道子传》：“太元初，拜散骑常侍、中军将军。”中华书局1974年标点本，第1731页。

④ 余嘉锡：《世说新语笺疏》，中华书局1983年版，第907页。

言。其时桓豁仍镇荆州，桓冲又近在咫尺，若谢安即命亲信出镇徐兖，或可激怒桓氏，以致生变。① 太元二年八月，桓豁卒。十月，谢安即用桓冲都督荆、江等七州军事，荆州刺史。桓氏世莅荆土，用冲可安荆州人心，亦可使桓氏怨恨少息。与此同时，徐州刺史王蕴、兖州刺史谢玄亦分驻京口、广陵。

王蕴是孝武帝后父。他初不肯居徐州。经谢安力劝，始得就任。谢安用王蕴是一种权宜。太元四年八月，王蕴调离，谢玄领徐州。京口、广陵得为一镇，而为谢氏所用。

由于谢玄出据徐兖，巩固了谢安在朝廷中的地位。而北府兵的重建和淝水之战的胜利，使徐兖刺史的地位大为上升。陈郡谢氏的权势亦由此极盛。

第二，由于京口重镇的出现，居上游方镇权臣为要登上权力峰巅，不能不先控制京口。

桓温为荆州刺史后，以入蜀、北伐声威日隆。兴宁二年（364），桓温遥领扬州牧，镇姑孰。时诸桓分据荆、江等州，但朝廷仍有徐兖刺史海西公后兄庾希为依仗，故庾希深为桓温所忌。太元二年（367）因鲁、高平等郡失守，桓温乘机以不能援救为名奏免庾希官职，以郗愔为徐兖刺史镇京口。“大司马桓温以愔与徐兖有故义”②，更因郗愔子郗超是其亲信，故有此任。

郗愔为郗鉴子。其子郗超为桓温心腹。桓温用郗愔，是欲利用郗氏在京口地区的影响而为其所用。然郗愔忠于王室，对桓温欲取

---

① 桓温死，桓冲代温居任。“或劝冲诛除时望，专执权衡，冲不从”（《晋书》卷74《桓彝附冲传》），政变的可能性还是存在的。

② 《晋书》卷67《郗鉴附子愔传》，中华书局1974年标点本，第1802页。

代司马氏不利，故又“深不欲愔居之。而愔暗于事机，移笺诣温，欲共奖王室，修复园陵。超取视，寸寸毁裂，乃更作笺，自陈老病，甚不堪人间，乞闲地自养。温得笺大喜，即转为会稽太守”①。桓温自领徐兖二州刺史。至此，沿江上下要镇皆为桓氏所领，司马氏皇帝已是手中玩物。只是因桓温北伐失利，声望大损，桓温才未能代晋。

桓玄篡晋过程几乎和桓温之事如出一辙。元兴元年（402）荆州刺史桓玄率大军东下。朝廷所倚仗的只有刘牢之的北府兵。而刘牢之临阵倒戈，桓玄得以顺利进入建康。“玄总百揆，都督中外诸军事、丞相、录尚书事、扬州牧，领徐、荆、江三州刺史，假黄钺。”②《通鉴》卷一一二安帝元兴元年条胡注云：“是时晋土全有荆、江、扬三州，徐州率多侨郡，而京口重镇也。玄悉领之，全有晋国矣。”③ 胡三省也看出京口重镇与桓玄篡晋之关系。桓玄在夺了刘牢之徐兖北府兵权之后，才放心地登上皇帝宝座。

桓氏父子先手握有荆、扬、徐、兖，桓温有废立之事，桓玄为篡晋之举。掌握徐兖重镇，是东晋士族走向权力巅峰的必经之路。

东晋一朝，皇权式微，士族权力跋扈。其具体表现之一则为地方方镇势力强大。而东晋皇权衰而不坠，能延续百年，方镇之间即士族不同门户的相维相抗、互相制约，无疑是一重要原因。这种情况，终于在晋宋之际发生了变化。

---

① 《晋书》卷67《郗鉴附孙超传》，中华书局1974年标点本，第1803页。
② 《资治通鉴》卷112安帝元兴元年，中华书局1976年标点本，第3539页。
③ 《资治通鉴》卷112安帝元兴元年，中华书局1976年标点本，第3539页。

第六章

晋宋之际皇权重振

东晋政治的特点是当政士族与司马氏皇室共天下。在这种政治格局下，士族权力平行或超越于皇权之上。门阀政治出现的原因，在于士族在政治、军事、经济上拥有强大的力量，成为社会上处于支配地位的社会阶层。但这种门阀政治只是皇权政治的变态，[①] 皇权政治的结构并没有发生根本的改变，皇帝体制仍存。皇帝在名分上仍居于统治结构的最高层，尽管他手中并没有秦汉皇帝那样的绝对权力。随着门阀士族支配地位的动摇以至衰落，门阀政治必然要回归于皇权政治。所以，从孝武帝起，政治发展变化的趋向出现了改变。士族门户之间、士族与皇室之间、寒门与士族之间的斗争，都在程度不同地为皇权的兴起而开拓道路。

第一节 皇帝、门阀士族权力争夺

东晋士族势力强大的一个主要表现是士族权臣居中枢执政与司

① 《门阀》，《后论》第三节。

马氏共天下。当前一执政士族由盛而衰时，权力重组后的结果是掌握政治和军事实权的为一新的士族，而非司马氏皇帝。

在孝武帝时，门阀士族的势力已经明显地衰落了。这表现在陈郡谢氏在取代桓氏的地位过程中，他不得不借助皇室之力；谢氏权势达到鼎盛时，却不能不在皇权的压力下，步步退却，势力由此而衰。

升平三年（359），谢万因北伐兵败被黜。谢安恐其家族由此而坠，始出仕。谢安始仕桓温司马，后得入朝为侍中。谢安声望骤涨于简文、孝武之际。时桓温欲移晋室，谢安与王坦之等尽力匡翼，终挫败桓温之谋。

孝武帝即位后，谢安为尚书仆射。时桓温新死，桓氏子弟分居内外，仍左右朝政。谢安虽以时望辅政，但并无实力。谢氏外无方镇可凭借，内受制于桓冲。因此，谢安遂请出太后临朝。《晋书·王彪之传》云："时桓冲与谢安夹辅朝政，安以新丧元辅，主上未能亲揽万机……安不欲委任桓冲，故使太后临朝决政，献替专在乎己。"①

从实际情况看，崇德太后临朝称制仅三年。这三年中。桓冲先解扬州，出为徐州刺史，继而又由徐州刺史迁镇姑孰，仅为六郡都督。谢安如此摆布桓冲，不能不说是借助了崇德太后之力。

东晋时期，太后临朝共有四次。即成、穆、哀、孝武四朝。哀帝因食长生药中毒，不能视事，故太后临朝。除这次外，其他三次皆与当政士族巩固权力有关。成帝时庾太后临朝，成为庾氏控制皇帝、削弱宗室的工具。穆帝时太后临朝，是何充等为了抵制上游庾

---

① 《晋书》卷76《王廙附彪之传》，中华书局1974年标点本，第2011页。

氏对朝政的控制。而谢安使太后临朝，又是为了抑制桓氏。

太后临朝称制，本是保证皇权正常运转的一种措施。在东晋门阀政治的格局下，这种形式也被用来加强士族门户权力。所不同的是，成帝、穆帝时太后临朝之后，依然是士族当政。而谢安借太后之力驱逐朝中桓氏，使谢氏得据中枢及建康下游，没想到却引出孝武帝亲揽万机的结局。

孝武帝初即位“政不自己”①。不久桓温死，崇德太后临朝称制。太元元年（376）太后归政，孝武帝始临朝。《晋书·五行志》云：“孝武帝太元三年六月，大水。是时帝幼弱，政在将相。”② 其时，谢安总理中枢，谢氏权势方兴未艾。孝武帝欲摆脱士族当政、皇帝拱手这一格局，首先要对谢安的权力加以削弱。太元元年，谢安使桓冲出京口镇姑孰，并夺桓冲中军将军一职，使散骑常侍司马道子为之。当时道子只有12岁，这一兵权当为谢安所握。谢安引道子出任中军将军，是出于不得已。其时谢安外无强藩可凭借，欲与桓氏抗衡，只有借重太后和皇室之力，却开启了孝武帝一朝宗室主政、排挤谢氏的先声。这为谢安始料不及。

《晋书·会稽王道子传》云：“太元初，拜散骑常侍、中军将军，进骠骑将军。后公卿奏‘道子亲贤莫二，宜正位司徒。’固让不拜。”③《通鉴》述此事亦为“以会稽王道子为司徒，固让不拜”④。这里所云以道子为司徒，必是司徒一职有缺，方能有公卿上奏。谢安太元二年为司徒。太元五年若以道子为司徒必先解谢安之职。《晋

① 《晋书》卷79《谢安传》，中华书局1974年标点本，第2074页。
② 《晋书》卷27《五行志上》，中华书局1974年标点，第816页。
③ 《晋书》卷64《元四王附道子传》，中华书局1974年标点本，第1732页。
④ 《资治通鉴》卷104孝武帝太元五年，中华书局1976年标点本，第3295页。

书·孝武帝纪》云：太元五年五月“以司徒谢安为卫将军、仪同三司”①。六月“丁卯，以骠骑将军、琅琊王道子为司徒”②。《孝武纪》所云以“道子为司徒”，实际上道子并未为司徒；前引《道子传》及《通鉴》均记道子对司徒一职是“固让不拜”。可见是年解谢安司徒之职，道子尚未任司徒。

《道子传》又云：“使录尚书六条事，寻加开府，领司徒。”③《通鉴》系道子录尚书六条事为太元八年。《晋书·孝武帝纪》太元八年条云：“九月，诏司徒、琅琊王道子录尚书六条事。”④ 由此可知，道子领司徒在太元八年九月之前。

司徒时为宰相，号为任重。东晋为司徒者，多为入主中枢之权臣。太元元年，桓冲自京口出镇姑孰后，谢氏势力蒸蒸日上。太元二年，谢安为司徒。四年，徐州刺史王蕴被征还，谢玄兼领徐兖，京口广陵复为一镇。此时，谢安主政于内，谢玄据强藩于外，谢氏已有盘根之固。谢氏势力的膨胀，必定引起朝野的担心。太元五年，谢安解司徒，公卿奏道子以“亲贤”为司徒等等，都是这种担心的具体反应。解谢安司徒之职，这只是削弱谢氏权势的第一步。太元八年，司马道子录尚书六条事，田余庆先生认为是谢安所荐。谢安荐道子，盖以避猜忌而图邀信于朝野。⑤ 田先生所论极是。此时正值淮淝决战前夕，对秦作战由谢安负全责。谢安兵权在手，不能不想起谢氏因据京口而在太元五年被解司徒之事，不得不引道子以明其

① 《晋书》卷9《孝武帝纪》，中华书局1974年标点本，第230页。
② 《晋书》卷9《孝武帝纪》，中华书局1974年标点本，第230页。
③ 《晋书》卷64《元四王附道子传》，中华书局1974年标点本，第1732页。
④ 《晋书》卷9《孝武帝纪》，中华书局1974年标点本，第232页。
⑤ 《门阀》，第221页。

志。而孝武帝却趁此又使道子出任司徒。时谢安与司马道子同录尚书六条事，而道子又居司徒之位，谢氏受制于皇室的形势已十分明显。淝水战后谢氏声望达到顶点。“时会稽王道子专权，而奸谄颇相扇构。”[①] 谢安不得不以北征为名，让出中枢职务，于太元十年四月出居广陵，并于同年八月病死。司马道子得为扬州刺史、录尚书、都督中外诸军事，总揽中枢大权。

孝武帝兄弟将谢氏逐步排挤出中枢，可以说在一定程度上摆脱了皇权受制于门阀士族的局面。史书叙述其时政治特点，称孝武帝“威权己出，雅有人主之量”[②]。太元十六年余杭令范弘之与会稽王道子笺，曰：“晋自中兴以来，号令威权多出强臣，中宗、肃祖敛衽于王敦，先皇受屈于桓氏。今主上亲揽万机，明公光赞百揆，政出王室，人无异望。”[③] 这种情况实为东晋建国以来所未曾有，皇权在相当程度上得到了加强。

但是，东晋皇权强化这一进程，却为司马氏主相纷争所打断。“于时孝武帝不亲万机。但与道子酣歌为务……郡守长吏，多为道子所树立。既为扬州总录，势倾天下，由是朝野奔凑。”孝武帝不能平，“乃出王恭为兖州，殷中堪为荆州，王珣为仆射，王雅为太子少傅，以张王室，而潜制道子也。道子复委任王绪，由是朋党竞扇，友爱道尽”[④]。主相相争，各树朋党；朝政紊乱，使外镇得以窥伺中枢。

孝武帝死，政归司马道子、元显父子。元显为抑制方镇，发东

---

① 《晋书》卷79《谢安传》，中华书局1974年标点本，第2076页。
② 《晋书》卷9《孝武帝纪》，中华书局1974年标点本，第241页。
③ 《晋书》卷91《范弘之传》，中华书局1974年标点本，第2365页。
④ 《晋书》卷64《会稽王道子传》，中华书局1974年标点本，第1733、1735页。

土免奴为客者充军役，搞得东土嚣然，人不堪命。孙恩乘机起事，会稽八郡一时响应。当朝廷中枢与下游徐兖方镇、孙恩干戈不息之际，上游桓玄却得兼并荆、江之地，训兵厉卒，以伺朝廷之隙。

元兴五年（402 年），桓玄率兵顺流而下入建康，执道子，杀元显，尽握内外大权终得以代晋称帝。

桓玄能够轻易代晋，除司马氏腐朽不堪这一因素外，自孝武帝以来政局动荡不安，人们渴望安定也是一个重要因素。史称，其时“祸难屡构，干戈不戢，百姓厌之，思归一统”①。桓玄的举动多少是适应了这一形势的需要。桓玄初至建康，“黜凡佞、擢俊贤，君子之道粗备，京师欣然”②。在中国历史上，从动乱走向安定，也就是一个强大皇权出现的过程。桓玄代表了已经没落的门阀士族，这一历史转变不可由这一阶层来实现。真正有力量能够重振皇权归于一统的，是在晋末政治中起主导作用的寒门士族。

东晋末年，政局扰攘，干戈不息。纷乱动荡的真正意义，是皇权的重振。孝武帝兄弟逼逐谢安，夺取中枢权力，是为此；桓玄取代司马氏又是为此。螳螂捕蝉，黄雀在后。司马氏和桓氏所为，最终是为寒门士族刘裕的出场做准备。因为只有刘裕才掌握重振皇权的机遇和实力。

第二节　禁卫军的加强

东晋司马氏皇权，内受制于当轴士族，外则受制于方镇。皇帝

① 《晋书》卷 99《桓玄传》，中华书局 1974 年标点本，第 2591 页。
② 《晋书》卷 99《桓玄传》，中华书局 1974 年标点本，第 2591 页。

不能控制方镇，主要是朝廷缺乏一支可以控制地方强大的宿卫军。孝武帝时皇权上升的过程中，宿卫军也出现了加强的趋势。

东晋始建，宿卫军甚为寡弱。以至元帝为对付王敦，不得不以扬州僮客为兵。但这支军队很快就在王敦进攻建康过程中被击溃。

东晋宿卫军的建制，大体仍如西晋之旧。明帝平王敦之后，宫省宿卫似已具一定规模。右卫将军虞胤、左卫将军南顿王司马宗时“俱为帝所亲任，典禁兵，值殿内，多聚勇士以为羽翼”①。明帝病危，二人禁闭宫省，欲为废黜之谋，说明当时的中军颇有力量。

这支殿中宿卫兵还可临时出征。成帝初年，刘遐故部曲李龙等反，“诏（郭）默与右卫将军赵胤讨平之”②。除宫中有宿卫兵，城外也驻有戍卫军。成帝时温峤上疏言及军粮不足时，曾建议“护军所统外军可分遣二军出，并屯要处。缘江上下，皆有良田”③ 云云。这里所说的外军，即护军将军所统建康城外驻军。建康有事，护军与左右卫分别负责城内外战事。太宁二年，王敦第二次举兵攻建康，明帝“以应詹为护军将军、督朱雀航南诸军事”，“帝亲御六师，以尚书郗鉴、庾亮为左右卫将军、都督从驾诸军事”④。但总的说，中央禁卫军寡弱的局面没有改变。明、成之际，时禁军军校无兵情况常见。义兴太守刘超为射声校尉，义兴人多随刘超入宫担任宿卫，号为“君子营”。

孝武帝太元年间，中央宿卫军逐渐得到加强。这种加强我们可以从两方面加以说明。

---

① 《资治通鉴》卷93明帝太宁三年，中华书局1976年标点本，第2937页。
② 《晋书》卷63《郭默传》，中华书局1974年标点本，第1715页。
③ 《晋书》卷67《温峤传》，中华书局1974年标点本，第1789页。
④ 《建康实录》卷6《肃宗明皇帝》，中华书局1986年点校本，第155页。

第一，建康的宿卫兵力不断得到增加。

东晋护军不仅主城外军，军府亦有营兵。《宋书·百官志下》称："魏、晋江右领、护各领营兵；江左以来，领军不复别置营。总统二卫骁骑材官诸营；护军犹别有营也。"① 孝武帝时护军营兵在增加。桓伊淝水之战有功，进号右军将军。后为都督江州、荆州十郡、豫州四郡军事、江州刺史、将军如故。"在任累年，征拜护军将军，以右军府千人自随，配护军府。"② 朝廷还自地方发兵入护军府。太元十六年，"发江州兵营甲士二千人、家口六七千，配护军营及东宫"③。

西晋愍怀太子时东宫有四率，所统卫士多达万人。《晋书·职官志》云："武帝建东宫，置卫率。初曰中卫率。泰始五年，分为左右，各领一军。惠帝时，愍怀太子在东宫，又加前后二率。及江左，省前后二率。孝武帝太元中又置。"④ 史籍中可考见东晋有太子左右卫率王雅、太子前卫率徐邈、太子右卫率郗恢等。率的增加，意味着兵力的增加。

隆安三年（398 年），司马道子父子为制方镇，元显"发东土诸郡免奴为客者，号'乐属'，移置京师，以充兵役"⑤。这应是补充宿卫兵。后元显率建康兵与桓玄战，为桓玄所击溃。

晋末元兴之际，桓玄渐取诸强藩，遂得以篡晋称帝。他也组建了一支禁卫军。这支禁卫军主要是由随桓玄东下的荆楚义故及兼并

---

① 《宋书》卷 40《百官志下》，中华书局 1974 年标点本，第 1247 页。
② 《晋书》卷 81《桓宣附伊传》，中华书局 1974 年标点本，第 2119 页。
③ 《晋书》卷 29《五行志下》，中华书局 1974 年标点本，第 881 页。
④ 《晋书》卷 24《职官志》，中华书局 1974 年标点本，第 743 页。
⑤ 《晋书》卷 64《会稽王道子附元显传》，中华书局 1974 年标点本，第 1737 页。

刘牢之北府兵组成。《宋书·胡藩传》称:“义旗起,玄战败将出奔,藩于南掖门提玄马控,曰:‘今羽林射手犹有八百,皆是义故西人。一旦舍此,欲归可复得乎?’”① 《通鉴》述此事文略同。胡注曰:“桓氏世居荆楚,其人皆其义旧。此盖从玄东下。玄既篡,因得以为羽林。”② 刘裕兵逼建康,桓玄使“桓谦(时为扬州刺史、征讨都督)及游击将军何淡之屯东陵,侍中、后将军卞范之屯覆舟山西,众合二万……谦等士卒多北府人,素畏伏裕,莫有斗志”③。这两支地方兵组成的禁卫军却不敌刘裕的“义军”。刘裕打垮桓玄,新组建的北府兵进入建康成为禁卫军,这支禁卫军构成了刘宋皇权的实力基础。

第二,孝武帝、安帝之时,一些重要军府的合并与转移,在客观起到了集中中央兵权的作用。

东晋中军将军起初不统宿卫兵。孝武帝时中军将军的作用在加强。宁康三年,中军将军桓冲为徐州刺史,“以北中郎府并中军,镇京口”④。桓温所谓“京口酒可饮,兵可用”⑤,京口可用之兵即由北府所统。桓冲以北中郎府兵入中军府,可以说使中军府兵力大为增强。太元二年,桓冲自京口移镇姑孰。中军将军即为骑常侍郎司马道子所领。隆安二年,上游殷仲堪等顺流而下,京口王恭督刘牢之逼建康。于是建康戒严。“右将军谢琰拒恭等,元显为征讨都督,众军继进。前军王珣领中军府众次于北郊。”⑥

---

① 《宋书》卷 50《胡藩传》,中华书局 1974 年标点本,第 1443 页。

② 《资治通鉴》卷 113 安帝元兴三年,中华书局 1976 年标点本,第 3564 页。

③ 《资治通鉴》卷 113 安帝元兴三年,中华书局 1976 年标点本,第 3563—3564 页。

④ 《晋书》卷 74《桓彝附冲传》,中华书局 1974 年标点本,第 1949 页。

⑤ 《晋书》卷 67《郗鉴附超传》,中华书局 1974 年标点本,第 1803 页。

⑥ 《魏书》卷 96《岛夷司马叡传》,中华书局 1974 年标点本,第 2105 页。

隆安三年，元显发东土免奴为客者移置京师，以充兵役。结果东土嚣然。孙恩乘机自海岛入会稽，东土八郡一时响应。“于是内外戒严。加道子黄钺，元显领中军将军”① 率军讨之。中军将军一时成了都城宿卫军的统帅。

除中军将军府外，合并军府的情况还有如前所举桓伊“以右军府千人自随，配护军府”。孝武帝时谢安为骠骑将军，加后将军，以“后军文武尽配大府”②。将军府的合并，是朝廷优宠大臣的一种待遇。它在客观上使一些将军府的地位提高，起到了集中兵权的作用，特别是那些地位重要的军府合并与转移，更是显示出这种作用。

太元五年，孝武帝“以司徒谢安为卫将军、仪同三司”③。卫将军，晋朝官阶第二品，为品级最高将军之一。谢安任卫将军，指挥淝水之战，其军府必有相当规模。谢安死后，卫将军府并入司马道子的骠骑府。《晋书·会稽王道子传》云：“及谢安薨，诏曰：‘……司徒、琅琊王道子……可领扬州刺史、录尚书事、假节、都督中外诸军事，卫府文武，一以配骠骑府。”④《通鉴》卷一〇六孝武帝太元十年条称谢安薨，“以司徒琅琊王道子领扬州刺史、录尚书事、都督中外诸军；以尚书令谢石为卫将军”⑤。《晋书·谢安附弟石传》云：“（谢）安薨，石迁卫将军，加散骑常侍。”⑥《通鉴》不云道子领卫府文武事，可能即据《谢石传》的记载。谢安死，谢石继为卫将军当无疑问。但此时谢安为卫将军时的卫府文武，确已并

① 《资治通鉴》卷 111 安帝隆安三年，中华书局 1976 年标点本，第 3499 页。
② 《晋书》卷 79《谢安传》，中华书局 1974 年标点本，第 2074 页。
③ 《晋书》卷 9《孝武帝纪》，中华书局 1974 年标点本，第 230 页。
④ 《晋书》卷 64《会稽王道子传》，中华书局 1974 年标点本，第 1732 页。
⑤ 《资治通鉴》卷 106 孝武帝太元十年，中华书局 1976 年标点本，第 3348 页。
⑥ 《晋书》卷 79《谢安附石传》，中华书局 1974 年标点本，第 2088 页。

入司马道子的骠骑府。隆安元年，道子为制方镇，以其子“元显为征虏将军，其先卫府及徐州文武悉配之”①。司马元显所履之任，未有“卫将军”一职。这里所谓“其先卫府”，应是指道子当初所领谢安的卫府文武。也就是说。谢安死后其所领卫府文武与卫将军一职相分离，“卫将军”一职由谢石继任，而卫府文武则归道子所领。故后来道子才能将卫府文武配予元显。

淝水战前，谢安以卫将军、征讨大都督全面负责抗秦战事。淝水战后，又为都督扬、江、荆等十五州军事。谢安死，道子为都督中外诸军事。卫府文武并入骠骑府后仍未被解散。后道子委政于元显，卫府文武又配于元显。在谢安时，卫将军府很可能成为当时最高的军事指挥机关，故卫府文武才能有如此的转移。《通典·职官十一》“卫将军”条，称晋过江之后“以陆晔为卫将军兼仪同三司，加千兵百骑。东晋以后尤为要重”②。从以上所举例看出，杜佑所言“要重”，确非虚语。

总之，东晋后期，建康宿卫兵数量在增加，而重要的军府又在不断更换的当政权臣手中转移。从这些情况可以看出禁卫军加强的趋势。这种趋势与当时皇权的不断加强相一致。

第三节　京口的兴起

《宋书·武帝纪中》载刘裕起兵时下书：“吾倡大义，首自本

① 《晋书》卷64《会稽王道子附元显传》，中华书局1974年标点本，第1735—1736页。

② 《通典》卷29《职官志十一》，中华书局1984年版，第167页下栏。

州，克复皇祚，遂建勋烈。外夷勍敌，内清奸轨，皆帮人州党竭诚尽力之效也。”①

桓玄篡晋后，刘裕纠集徐兖州人，自广陵、京口起兵。他凭借这支新组建的北府兵，得以扫平桓玄，北灭燕、秦，再定刘毅，最终登上皇帝宝座。刘裕的成功与徐兖二州在东晋末已成为最强大的方镇，而京口、广陵一带最有势力的是寒门士族这一事实的出现联系在一起。

自成帝时徐兖二州移治京口后，这一重镇即在东晋政治中不断发挥着重要作用。但是从当时对外用兵和内争之中，论实力荆州还是位居第一。

在孝武帝之前，能够在东晋建功立业的是荆州兵。桓温居荆州近二十年，其间他北伐、入蜀，主要靠的是荆州的军队。在方镇与中枢内争中，对建康造成威胁的，只有荆州都督。

淝水之战前后，情况出现了变化。太元三年（378），前秦兵十余万攻晋襄阳。《南齐书·州郡志下》“荆州”条称：“江陵去襄阳步道五百，势同唇齿。无襄阳则江陵受敌，不立故也。”② 在苻坚攻襄阳之前，荆州刺史桓冲畏秦人强盛，已将州治自江北的江陵移镇江南的上明，实际上已好放弃襄阳的准备。苻坚军围襄阳甚急，“桓冲在上明拥众七万，惮秦兵之强，不敢进”③，致使襄阳失守。秦军取得襄阳后，南侵攻势更盛。太元八年，为减轻下游建康的压力，桓冲率荆州军十万伐秦，欲夺回襄阳等地。前秦派苻叡、慕容垂率

---

① 《宋书》卷2《武帝纪中》，中华书局1974年标点本，第36页。

② 《南齐书》卷15《州郡志下》，中华书局1972年标点本，第273页。

③ 《资治通鉴》卷104孝武帝太元三年，中华书局1976年标点本，第3285页。

军五万救襄阳，分屯新野、邓城。桓冲别军虽取得一些胜利，迫于苻叡等压力不得不退屯沔南。慕容垂进临沔水，夜命军人“人持十炬火，系炬于树枝，光照数十里中。冲惧，退还上明”①。在这阶段对秦作战中，因桓冲的退缩畏敌，荆州方面实无战绩可陈。

与此同时，在下游的徐兖二州，当谢玄重组北府兵之后，却出现了相反的情况。史称：“（谢）玄多募劲勇……以牢之为参军，领精锐为前锋，百战百胜，号为‘北府兵’，敌人畏之”②。及太元八年，苻坚前锋二十余万军攻占寿阳后，八万北府兵更是勇气百倍地去迎战。淝水大捷的取得，关键在北府兵的战斗力。这就使徐兖方镇的实力地位大大提升。安帝隆安之际，徐兖刺史王恭两次联合上游方镇以“诛奸宄”为名逼建康，正是这种实力提升的具体表现。

元兴元年（402），执政的司马元显以桓玄据荆州将有异志，称诏罪状桓玄，以刘牢之率北府为前锋征讨。元显亲信以刘牢之反复无常，劝元显诛之。“元显曰：‘非牢之无以当桓玄’”③，再三不可。桓玄闻北府兵欲行征讨，“大惊，甚惧”④，欲固守江陵自保。后桓玄决定举兵东下，“发江陵，虑事不捷，常为西还之计；及过寻阳，不见官军，意甚喜，将士之气亦振”⑤。《通鉴》此条胡注云：“史言桓玄畏怯，刘牢之等不能仗顺取之。”⑥ 在这场中枢与荆州的对抗中，朝廷倚仗的是北府兵，而桓玄所惧的亦是北府兵，徐兖方镇的实力已在荆州之上。后刘裕正是靠此实力消灭桓玄的。

---

① 《晋书》卷104《苻坚传下》，中华书局1975年标点本，第2916页。
② 《晋书》卷84《刘牢之传》，中华书局1975年标点本，第2188页。
③ 《晋书》卷64《司马道子附元显传》，中华书局1975年标点本，第1739页。
④ 《晋书》卷99《桓玄传》，中华书局1975年标点本，第2590页。
⑤ 《资治通鉴》卷112安帝元兴元年，中华书局1976年标点本，第3537页。
⑥ 《资治通鉴》卷112安帝元兴元年，中华书局1976年标点本，第3537页。

在徐兖方镇实力成长过程中，寒门士族亦成为这一地区最有影响的势力。

自咸和四年郗鉴自广陵移治京口后，因其政治、军事地位的重要，徐兖二州刺史一职成为诸多士族争夺最激烈的职务之一。① 除王、谢、桓、庾四大家族，郗、蔡、荀、褚、（太原）王等诸高门，连司马氏中都有人出掌徐兖。其中尤以兖州高平郗氏在这一地区影响最为深远。

东晋徐兖刺史不始于郗鉴。但徐兖州移治京口、将大量流民迁往这一地区作为实力基础的却是郗鉴。郗鉴本身是流民帅，又在东晋初年平定王敦、苏峻之乱中建有大功，而他所领的流民武装又极具战斗力。这些特殊的条件，使高平郗氏成为当时京口一带最有影响的家族。

郗鉴镇京口十年，临终又举蔡谟为兖州，郗迈为徐州。蔡谟也是兖州高门，与郗氏同州里，又与郗鉴私交甚笃，而郗迈为其门户子弟。郗鉴临终前上疏曰："臣所统错杂，率多北人。或逼迁徙，或是新附。百姓怀土，皆有归本之心。臣宣国恩，示以好恶，处以田宅，渐得少安。闻臣疾笃，众情骇动，……太常臣谟，……谓可以为都督、徐州刺史。臣亡兄息迈，……堪任兖州刺史。"② 郗鉴表面上是以流民难安易动，实际上恐郗氏兵权的旁落。郗迈虽没有为朝廷所授，但郗氏在这一地区的影响仍存。郗鉴二子昙、愔曾数度为出掌徐兖的高门的长史、军司。直到郗鉴死后近 30 年之后，"大司

① 据吴廷燮《东晋方镇年表》，自咸和四年到元兴三年的 75 年中，徐兖刺史共有 25 任。而同一时期荆、扬二州各有 13 任。江州有 21 任。载《二十五史补编》第三册，中华书局 1956 年影印本。

② 《晋书》卷 67《郗鉴传》，中华书局 1974 年标点本，第 1800—1801 页。

马桓温以（郗）愔与徐兖有故义，乃迁愔都督徐充青幽扬州之晋陵诸军事、领徐兖二州刺史”[①]。郗氏家族支配京口地区前后历43年之久。[②]

高门士族之所以能够支配这一地区，关键在于他们能够掌握这一地区的兵权和地方的实际权力。其时，门阀统治阶级尚有奋励向上的风气，高门士族中亦不乏军事指挥人才。如谢玄能组织起北府兵并能打败苻坚即是显例。

东晋前期，北方高门士族与其宗族乡里过江后寄居侨地。因他们在当地有影响，被刺史等辟为属吏。如郗鉴任徐兖刺史时，兖州高门陈留江彪、江惇为兖州别驾、治中。郗鉴子昙，亦曾出任属佐。

东晋后期，高门士族已不再握有这一地区的兵权和实际权力了。

由于江左偏安，门阀士族的腐朽，高门士族不屑置身戎旅。东晋末年，他们渐已不胜武事，更不会指挥作战了。殷仲堪有“英誉”，被孝武帝视为腹心出镇荆州。当他响应王恭，举兵东下时，因“素无戎略，军旅之事一委（杨）佺期兄弟”[③]。杨佺期虽是北方高门，因南来较晚，为边地武将，被视为“荒伧”。而以“时望”被擢为京口镇将的王恭，“不闲用兵”[④]。当他起兵向京师时，也不得不依靠寒门士族刘牢之，“乃置酒请牢之于众中，拜牢之为兄，精兵利器以配之，使为前锋”[⑤]。而司马元显使人游说刘牢之，“使叛恭，事成，即其（王恭）位号，牢之许焉”[⑥]。后刘牢之背王恭归元显，

---

① 《晋书》卷67《郗鉴附愔传》，中华书局1974年标点本，第1802页。
② 《门阀》，第98页。
③ 《晋书》卷84《杨佺期传》，中华书局1974年标点本，第2200页。
④ 《晋书》卷84《王恭传》，中华书局1974年标点本，第2186页。
⑤ 《晋书》卷84《刘牢之传》，中华书局1974年标点本，第2189页。
⑥ 《晋书》卷84《刘牢之传》，中华书局1974年标点本，第2189页。

朝廷即以刘牢之居北府。这说明，此时能掌北府兵权的已不是门阀士族，而是寒门士族。

桓玄入建康后，夺刘牢之兵权，牢之自缢而死，北府诸将亦遭屠戮。北府兵为诸桓所分割。但这支军队并不能为桓氏所用。刘裕起事后，兵至建康。桓谦等率军抵御，“谦等士卒多北府人，素畏服裕，莫有斗志”①，随即桓谦等军大败。

由于门阀士族的衰落，高门士族在京口地区的政治影响也大不如昔。

东晋建立之初，并非所有过江士族都能恢复到昔日的地位。因此，一些高门不得不在侨居之地出仕州郡以暂栖身。一旦门阀秩序建立，高门士族即多以吏部铨选和公府辟召为进身之阶，州郡辟召自然为他们所冷落。因此，州郡僚属这些在地方极有影响的职务，则纷纷为寒门所据。参与刘裕起事的骨干分子中，有不少人曾仕州郡，如刘毅（彭城人，属徐州）、檀韶（高平人，属兖州）、何无忌（东海人，属徐州）等，曾为州从事；魏泳之（任城人，属兖州）、孟昶（世居京口，平昌人，属青州）等曾为州主簿。桓玄夺刘牢之兵权后，刘裕曾对何无忌曰：“卿可随我还京口。桓玄必能守节北面，我当与卿事之；不然与卿图之。今方是玄矜情任算之日，必将用我辈也。”② 刘裕亦属寒门士族。他曾任北府将孙无终司马，刘牢之参军。因他在京口一带侨人中有深厚影响，故有是语。桓玄虽夺刘牢之兵权，诛戮北府将，却不能铲除寒门士族在京口地区的深厚势力。桓氏也认识到，只有笼络寒门士族才能收徐兖之人力、物力

① 《资治通鉴》卷113安帝元兴三年，中华书局1976年标点本，第3564页。

② 《宋书》卷1《武帝纪上》，中华书局1974年标点本，第4页。

为其所用。故桓脩、桓弘分镇京口、广陵时，以刘裕等人为中兵参军等职。但此时的寒门已经不再是依附于高门士族的无足轻重的势力，而是成为一种独立的政治力量。

如上所述，在东晋末期，徐兖方镇成为江东最有实力的方镇。而掌握这一地区军事和政治实力的则是寒门庶族。正因如此，他们才有“造宋”的资格，才能顺理成章地完成重振皇权的历史任务。

第 七 章

刘宋时期朝廷对地方控制的加强

东晋末年，刘裕依靠新组建的北府兵击败桓玄，控制了朝政。宋代晋，这支北府兵成了禁卫军，为刘宋皇权的建立和巩固起了重要作用。刘宋皇帝鉴于东晋方镇实力强大难制的教训，对地方强藩，尤其是荆州、徐兖一再予以分割。为了加强对地方的控制，朝廷还采取了种种措施限制、约束地方都督的权力。自宋孝武以后，方镇强大难制的局面已基本扭转。

第一节　刘宋皇权的巩固

掌握强大的军队，是古代皇权的实力基础。刘裕代晋建宋，并使刘宋皇权得以巩固，在于组建了一支相当规模的禁卫军。

刘宋的禁卫军是从刘裕当年在京口起兵建立的“义队”发展而来。

东晋元兴三年（404），刘裕率众在京口起事反桓玄。《宋书·

刘钟传》云："义旗将建，高祖（按，刘裕时为彭城内史）版钟为郡主簿。明日，从入京城。将向京邑，高祖命曰：'预是彭、沛乡人赴义者，并可依刘主簿。'于是立为义队，恒在左右，连战皆捷。"①刘裕是彭城人，与沛本非同郡。《宋书·州郡志一》云：沛郡"旧属豫州，江左改配"徐州。其南徐州条又云，"南彭城太守，江左侨立。晋明帝又立南下邳郡，成帝又立南沛郡。……孝武大明四年，以二郡并南彭城"②。是东晋时沛郡亦与彭城同寄治江南。刘裕自称"汉高楚元王交之后"，沛郡即其祖居之地。彭、沛人皆可称其"乡人"。

刘裕攻下京口，斩桓脩，移檄京邑，声讨桓玄。时"百姓愿从者千余人"③。《通鉴》述此事为刘裕"帅二州之众千七百人，军于竹里，移檄远近"④。胡注云："二州，兖、徐也。"⑤从"彭、沛义队"到二州之众，可以说是刘宋禁卫军的起点。⑥

刘裕打败桓玄，迎安帝反正。他屡次拒绝朝廷录尚书事、扬州刺史的任命，而以都督扬徐兖等军事、徐兖刺史返镇京口。此时刘裕起事仓促，根基未牢，与其为扬州总录朝政，不如退而经营徐兖，树根固基，再图扩展。

刘裕义熙元年（405），返镇京口。义熙四年（408），录尚书事、扬州刺史王谧死，他即应征入辅，虽为录书事、扬州刺史，仍领徐兖二州制史。东晋末年，京口已成江东第一强镇，掌握徐兖，

① 《宋书》卷49《刘钟传》，中华书局1974年标点本，第1438页。
② 《宋书》卷35《州郡志一》，中华书局1974年标点本，第1048、1038页。
③ 《宋书》卷1《武帝纪上》，中华书局1974年标点本，第8页。
④ 《资治通鉴》卷113安帝元兴三年，中华书局1976年标点本，第3561页。
⑤ 《资治通鉴》卷113安帝元兴三年，中华书局1976年标点本，第3561页。
⑥ 参见陈勇《刘宋时期的皇权与禁卫军》，载《北京大学学报》1988年第3期。

也就握有控制东晋政治、军事的主动权。自此之后，刘裕领所组建北府兵，灭南燕，破卢循，两平荆州，北定关中，建立起赫赫武功，也奠定了代晋的基础。

义熙十四年（418），刘裕封王，宋国建。宋国可依晋制署置百官。刘裕组建的北府精兵成了宋国的禁卫军。担任宋国禁卫军将领的有刘氏子侄刘义欣、京口举事“合门从义”的檀祗、檀道济及谢晦等。谢晦，陈郡阳夏人，为江左高门。刘裕败桓玄入建康，谢晦及兄分别入孟昶、刘裕府。刘裕出自寒门。桓玄的失败，标志东晋门阀士族统治权力的终结。刘裕重用谢晦，说明他还不能不借用仍有很大潜在势力的高门士族来实现重建皇权的目的。

永初元年（420），刘裕代晋称帝。宋国的禁卫军变为宋朝的禁卫军。谢晦由宋国右卫将军迁中领军，宋国的护军将军檀道济则为刘宋的护军将军。宋国禁旅由权臣控制的武装变为新皇权的禁卫军。一如魏之代汉、晋之代魏。这说明，一个强大的军队，对于皇权的产生和巩固是绝对必要的。

刘宋禁卫军建制、称号，仍依魏晋中军之旧制。但禁卫军主要将领的职权却出现了明显的变化。

魏晋中军，领、护将军职权最重。据《宋书·百官志》所记：“领军将军，一人。掌内军。”① “护军将军，一人，掌外军。”② 这与两晋领、护军分掌都城内外中军是一样的。刘宋时期，领、护将军的职权还不止如此。

《宋书·蔡廓传》记蔡廓与中书令傅亮论朝廷职官班次。蔡廓

---

① 《宋书》卷40《百官志下》，中华书局1974年标点本，第1247页。
② 《宋书》卷40《百官志下》，中华书局1974年标点本，第1247页。

云："今护军总方伯，而位次故在持节都督下。"① 按《通典·职官十九·宋官品》所记，持节都督第二品，护军为第三品。蔡廓之意护军将军虽"总方伯"，但其品级低于持节都督，故朝廷班位，要在持节都督之下。因任重而官品低，官员不愿任护军将军。《宋书·王僧达传》云："上初践阼，即居端右。一二年间，便望宰相。及为护军，不得志。乃启求徐州，曰：'……若首统军政，董勒天兵，既才所不闻，实诚亦非愿。……护军之任。臣不敢处……'上不许。僧达三启固陈，上甚不悦。"② 综合以上所引，蔡廓所云"护军总方伯"，实即总地方的军政。东晋时护军不仅管不了地方军政，还要向王敦之类强藩都督汇报"中外兵数"。《晋书·邓攸传》："永昌中，代周顗为护军将军。太宁二年，王敦反，明帝密谋起兵，乃迁攸为会稽太守。初，王敦伐都之后，中外兵数每月言之于敦。攸已出在家，不复知护军事。有恶攸者，诬攸尚白敦兵数。"③ 与东晋相比，刘宋时护军职权的这个变化，说明中央集权的力量在增强。

刘宋领军将军职权亦有变化。《梁书·臧盾传》云："领军管天下兵要。"④《通典·职官十》亦云："梁领军将军，管天下兵要，谓之禁司。"⑤ 领军管天下兵要，决不仅限于梁。应该说，它肇始于宋。但宋中期以来，领军兵权即为制局所分。制局，即制局监，又称外监，宋初就已设立。《宋书·赵伦之附子伯符传》称："元嘉十

---

① 《宋书》卷57《蔡廓传》，中华书局1974年标点本，第1572页。.
② 《宋书》卷75《王僧达传》，中华书局1974年标点本，第1952、1954页。
③ 《晋书》卷90《邓攸传》，中华书局1974年标点本，第2340页。
④ 《梁书》卷42《臧盾传》，中华书局1974年标点本，第600页。
⑤ 《通典·职官十》卷28，中华书局1984年版，第165页上栏。

八年征（赵伯符）为领军将军。先是，外监不隶领军。宜相统摄者，自有别诏。至此始相统焉。”① 制局监隶于领军之下，就逐渐被君主用来分领军之权。《通鉴》卷一四七武帝天监七年条云：“宋孝建以来，制局用事，与领军分兵权，典事以上皆得呈奏，领军拱手而已。”② 南朝君主集权，往往采重用恩倖以分大臣之权的手段。担任制局监的，皆为寒门恩倖。《南齐书·倖臣传序》云：“有制局监，领器仗兵役，亦用寒人被恩倖者。”③

从领、护军职权扩大和制局监分领军之权的事例，可以看出刘宋时期兵权的集中有两个特点：地方的兵权开始向中央集中；中央的兵权为皇帝亲任的恩倖所掌。

刘宋在北府兵的基础上组建了禁卫军，改变了东晋时期朝廷缺兵的状况。领、护将军职权的变化，说明了兵权集中于皇帝之手。这对于刘宋皇权的巩固，有重要意义

然而，刘宋的禁卫军与地方强藩相比，实力还相形见绌。④ 可是，由于刘宋时期地方形势已发生变化（说详下），强藩之间很难结成一体反抗朝廷。一镇反叛，常为他藩所牵制。所以，刘宋一朝“外州起兵，鲜有克胜”⑤，皇权较为稳固。中央禁卫军的增强，不能不是一个重要因素。

---

① 《宋书》卷46《赵伦之附子伯符传》，中华书局1974年标点本，第1390页。.

② 《资治通鉴》卷147武帝天监七年，中华书局1976年标点本，第4580—4581页。

③ 《南齐书》卷56《倖臣传》，中华书局1972年标点本，第972页。

④ 《宋书·沈攸之传》云其为荆州刺史，起兵反叛朝廷时有“战士十万，铁马二千”。同书《宗越传》云宗越为游击将军“善立营阵，每数万人止顿。越自骑马前行”云云。宗越所领当为禁卫军，据此则为数万人。双方数量还有差距。

⑤ 《南齐书》卷22《豫章王嶷传》，中华书局1972年标点本，第407页。

第二节　强藩的分割

东晋时期，地方势力跋扈的重要原因之一是一些都督所统地方区域大、实力强。在东晋诸多方镇中，能够对朝廷造成威胁的主要是荆、徐兖二州。“荆州居上流之重，地广兵强，资实兵甲，居朝廷之半。”① 徐兖刺史居京口，江北广陵亦由其兼统。这一带成为江左流民最集中地区。② 北来流民久经战乱，流民组成的武装最为骁勇善战。江南的京口、晋陵，江北的广陵、江淮一带，聚居着大量北方流民，成为这一地区不断出现精兵猛将之渊薮。

刘裕代晋，东晋方镇凌驾于朝廷之上的教训，历历在目。他要维护刘宋的专制皇权，不能不首先要削弱荆、徐兖等强藩的实力。

义熙八年（412），刘裕在消灭荆州刘毅之后，曾下令：“州郡县屯田池塞，诸非军国所资，利入守宰者，今一切除之。州郡县吏皆依尚书令制实户置。”③ 东晋时地方屯田在解决方镇军队给养上起了很大作用。④ 东晋朝廷对这种地方屯田，似没有统一管理的机构和制度，当然也不会有什么限制。地方官自然也就尽其所能发展这种屯田，使之成为都督守宰所掌握的经济实力。刘裕罢非军国所需的屯田池塞，其意在削弱地方官的经济实力。

义熙八年这个命令对地方军队还有限制作用。时地方牧守例兼

---

① 《宋书》卷51《临川王义庆传》，中华书局1974年标点本，第1476页。

② 据谭其骧先生统计徐州侨旧人口有42万，其中北来侨民就有20万。见《永嘉丧乱后之民族迁徙》，载《燕京学报》第15期。

③ 《宋书》卷2《武帝纪中》，中华书局1974年标点本，第29页。

④ 东晋初年，解决军队给养同题，朝廷曾几次下诏令军队所在屯垦。见《晋书·元帝纪》、《温峤传》等。

将军，所以“州郡县吏”应包括武吏。文武吏“皆依尚书令制实户置”，显然有限制地方军队随意扩充的用意。永初二年（421），刘裕进一步规定了州置将吏的人数：“初限荆州置将不得过二千人，吏不得过一万人；州置将不得过五百人，吏不得过五千人。”① 可见，刘裕代晋前后，就从经济、军事上对包括荆、徐兖在内的方镇进行了限制，但刘宋皇帝削弱荆、徐兖实力最主要的手段是将其区域划小。下面将具体叙述荆、徐兖被分割的情况。

荆州是江东区域最大的方镇。西晋怀帝时，曾分荆立湘。东晋成帝时省湘入荆。刘宋分割荆州，首先是分荆立湘。宋武、文之世，荆、湘屡分屡合。现据《宋书·州郡志三》所记荆、湘之分合，结合《纪》、《传》，对这些分合的背景略作陈述。

> 湘州刺史，晋怀帝永嘉元年，分荆州之长沙……江州之桂阳八郡立，治临湘。咸和三年省。（按此处所记“咸和三年”误。《晋书·成帝纪》、《通鉴》等均记为“咸和四年”）安帝义熙八年复立，十二年又省。②

按，义熙八年刘裕平刘毅，入荆州。这是刘裕当政以来方镇、中枢第一次兵戎相见，也是刘裕翦除北府集团内部异己势力、为其代晋称帝扫平道路的重要一步。荆州自东晋以来一直不断地对下游扬州威胁。刘裕当政后当然要改变这一状况。平刘毅后即“以荆州

① 《宋书》卷3《武帝纪下》，中华书局1974年标点本，第57页。
② 《宋书》卷37《州郡志三》，中华书局1974年标点本，第1129页。

十郡为湘州”[1]。刘裕此举尚有防备司马休之之意。

刘毅平，朝廷以司马休之驻荆州。刘裕本意是不想使司马休之出镇荆州。但当时他还不得不借重司马氏的影响以安定荆州。刘裕真正控制荆州，尚须等待时机。义熙八年、九年，刘裕借诛杀会稽大族虞亮，“大示轨则，豪强肃然，远近知禁”[2]。借此势，他雷厉风行推行土断，禁止豪强禁锢山泽，强化他的权力。外则遣军平蜀以张声威。义熙十一年，刘裕率众西讨荆州，司马休之奔魏，荆州再度落入刘裕之手。义熙十二年，刘欲北伐，并湘州入荆州。此时荆州刺史为刘裕弟道怜。“道怜素无才能，言意甚楚，举止施为，多诸鄙拙。”[3] 刘裕使谢方明辅之，并命道怜“府内众事，皆咨决之”[4]。刘裕实际控制了荆州，所以省湘入荆不会造成对下游的威胁。

> 宋武帝永初三年又立，文帝元嘉八年省。十六年又立，二十九年又省。孝武帝孝建元年又立。[5]

《宋书·武帝纪下》亦云：“（永初三年二月）又分荆州十郡置湘州。”[6] 三月，刘裕“不豫”。可见，此次分荆州是刘裕为身后计的一个重要部署。刘裕即位，立其长子刘义符为太子。刘义符“狎群小而耽嬉游”，能否继大统、荷重任，成为刘裕君臣极为担心的

① 《宋书》卷2《武帝纪中》，中华书局1974年标点本，第29页。
② 《宋书》卷2《武帝纪中》，中华书局1974年标点本，第27页。
③ 《宋书》卷51《宗室道怜传》，中华书局1974年标点本，第1462页。
④ 《宋书》卷53《谢方明传》，中华书局1974年标点本，第1523页。
⑤ 《宋书》卷37《州郡志三》，中华书局1974年标点本，第1129页。
⑥ 《宋书》卷3《武帝纪下》，中华书局1974年标点本，第59页。

事。刘裕在病重期间与谢晦论此，曾有立庐陵王义康之意，但改嗣未能实现。在“负荷非才”的刘义符仍继大统的情况下，刘裕不能不有所措置。分荆立湘也是措施之一。

元嘉七年、八年，到彦之北伐失败，“府库、武库为之空虚”[①]。北魏攻宋滑台等诸镇，檀道济率军救援无功而退。滑台失守，魏得以窥伺宋淮河之地。元嘉八年省湘入荆，即与此有关。另外，宋文帝对荆州刺史还进行了调动。荆州刺史江夏王义恭，“年又渐长，欲专政事，每为（长史刘）湛所裁，主佐之间，嫌隙遂构”[②]。宋文帝虽进行了调解，无果。第二年，文帝以临川王义庆为荆州刺史。初，刘裕以荆州居上流之重，故遗诏令诸子居之。《通鉴》云：“上（文帝）以义庆宗室令美。且（其父）烈武王有大功于社稷，故特用之。”[③]《通鉴》此说显然是受《宋书·刘义庆传》的影响。实际上，文帝特用义庆为荆州的原因在于其虽有宗室令望之名，但却是个小心谨慎，不敢有过之人。史称刘义庆“性谦虚”，“受任历藩，无浮淫之过”[④]。义庆自少及长，还有一个明显变化是“少善骑乘，及长以世路艰难，不复跨马”[⑤]。周一良先生论及此，曾深刻指出，这是刘义庆目睹文帝因猜忌诛戮大臣、宗室，不得不小心谨慎、以避灾祸的缘故。[⑥] 文帝省湘入荆，荆州实力大增，不能不在刺史人选上刻意斟酌。以小心谨慎的刘义庆为之，以避免宗王刺荆、权重难制的

① 《资治通鉴》卷122文帝元嘉七年，中华书局1976年标点本，第3826页。
② 《宋书》卷69《刘湛传》，中华书局1974年标点本，第1817页。
③ 《资治通鉴》卷122文帝元嘉九年，中华书局1976年标点本，第3838页。
④ 《宋书》卷51《宗室刘义庆传》，中华书局1974年标点本，第1477页。
⑤ 《宋书》卷51《宗室刘义庆传》，中华书局1974年标点本，第1477页。
⑥ 《魏晋南北朝史札记》之《宋书札记》“《刘义庆传》之‘世路艰难与不复骑马’条”。中华书局1985年版，第159页。

情况发生。

刘义庆在荆州八年，与朝廷相安无争。元嘉十六年，文帝以义季代义庆为荆州，并再分荆州立湘。此与中枢权力斗争有关。

元嘉十六年，录尚书事、扬州刺史彭城王义康“进位大将军，领司徒，余如故”①。义康为文帝亲兄弟，又得以侍中、录尚书事辅政，“自是内外众物，一断之义康”②。文帝羸疾积年，屡至危殆，而义康亲信刘湛、刘斌等以“威权尽在宰相，常欲倾移朝廷，使神器有归。遂结为朋党”③。此动向为文帝所觉察。主、相嫌隙已构，文帝不能不有所举措。元嘉十六年，太子加元服。文帝使“东宫置兵，与羽林等”④。而文帝“自十六年秋，不复幸东府”⑤。凡此种种，都是为防建康城内非常事件发生。另一方面，为防止地方势力介入中枢斗争，对重镇强藩刺史频频调动并分荆立湘。接替刘义庆为荆州的刘义季，亦属于小心谨慎、唯恐惹祸上身一类。史称：“义季惩义康祸难，不欲以功勤自业，无它经略，唯饮酒而已。”⑥ 可见文帝为防方镇在分割方镇及选人上用心之良苦。

元嘉二十七年（450），北魏拓跋焘亲率大军南下，破宋江北六州。江淮一带赤地千里，江南“邑里萧条，元嘉之政衰矣”⑦。二十九年，文帝欲乘拓跋焘死北伐，荆州曾有甲士四万出征。此年并湘

---

① 《宋书》卷5《文帝纪》，中华书局1974年标点本，第84页。

② 《宋书》卷68《武二王彭城王义康传》，中华书局1974年标点本，第1790页。

③ 《宋书》卷68《武二王彭城王义康传》，中华书局1974年标点本，第1791页。

④ 《宋书》卷99《二凶刘邵传》，中华书局1974年标点本，第2423页。

⑤ 《宋书》卷68《武二王彭城王义康传》，中华书局1974年标点本，第1791页。

⑥ 《宋书》卷61《武三王衡阳王义季传》，中华书局1974年标点本，第1655页。关于对刘义季的分析可参见周一良先生：《魏晋南北朝史札记》之《宋书札记》“《刘义庆传》之‘世路艰难与不复骑马’条”。中华书局1985年版，第159页。

⑦ 《资治通鉴》卷126文帝元嘉二十八年，中华书局1976年标点本，第3966页。

入荆，是为增强荆州的实力。

元嘉三十年（453）二月，太子劭弑文帝。三月，方镇起兵。五月，江州刺史、武陵王刘骏攻入建康，杀太子劭，即位称帝，是为孝武帝。时荆州刺史刘义宣“在镇十年，兵强财富。既首倡大义，威名著天下”①。故为孝武帝所忌，遂使义宣“为中书监、都督扬、豫二州、丞相、录尚书六条事，扬州刺史，……义宣固辞内任，及（子）恺王爵，于是改授都督荆湘雍益梁宁南北秦八州诸军事、荆湘二州刺史”②。《通鉴》述此事胡注云：“按是年（元嘉三十年）四月，元凶劭以营道侯义綦为湘州刺史，盖以义宣以荆州举义，欲分其军府耳。帝既即位，以义宣为荆、湘二州刺史。湘州之立，实在是年也。”③ 据此，《州郡志》所记此次荆、湘之分，是孝武帝取代刘邵称帝，却不改刘劭分荆立湘的事实，其背后是孝武帝对上游的疑忌，从而也开启了孝武一朝不断对强藩进行分割的举措。

孝建元年（454），孝武帝在平定上游诸镇反叛后，即对荆、江等州予以分割。《通鉴》述此事云：“晋氏南迁，以扬州为京畿，谷帛所出皆资焉；以荆、江为重镇，甲兵所聚尽在焉；常使大将居之。三州户口，居江南之半，上恶其强大，故欲分之。癸未，分扬州浙东五郡置东扬州，治会稽；分荆、湘、江、豫州之八郡置郢州，治江夏。”④ 晋宋以来荆州实力强大的问题，至此初步得到解决。

从刘裕当政到孝武帝即位的40余年，荆、湘的多次分并，与以下两个原因有关。

---

① 《宋书》卷68《武二王南郡王义宣传》，中华书局1974年标点本，第1800页。
② 《宋书》卷68《武二王南郡王义宣传》，中华书局1974年标点本，第1799页。
③ 《资治通鉴》卷127文帝元嘉三十年，中华书局1976年标点本，第4006页。
④ 《资治通鉴》卷128孝武帝孝建元年，中华书局1976年标点本，第4020—4021页。

首先，这一时期荆州的分割是为了削弱地方实力。这是秦汉以来中央加强对地方控制的一个主要方法。

其次，湘州的几次立、省，皆与北魏的南侵与北伐有关。由于江左政权划江为守的地理形势，一个实力强大的荆州对抗北方强敌、维护南方政权安定有重要作用。这是晋宋时期在中央加强对地方控制的过程中，荆州反而不断地恢复它原来版图和实力的重要原因。

孝武帝以方镇入主建康登基称帝。故他对方镇格外提防，唯恐这一过程重现。惩于晋宋荆州方镇强大威逼下游的事实，必欲削之。荆州的分割当然有利于朝廷的控制，但同时也出现了另外的问题。《宋书·何尚之传》云："荆、扬二州，户口半天下。江左以来，扬州根本，委荆以阃外。至是并分，欲以削臣下之权，而荆、扬并因此虚耗。"① 荆州实力的虚耗，使荆州在维持地方秩序和抵御北方强敌的力量大为削弱。宋初以来，长江上游蛮人的反叛活动绵延不断。尤以荆、雍州蛮为甚。《宋书·夷蛮传》云："荆、雍州蛮……无徭役，动有数百千人，州郡力弱，则起为盗贼。"② 又云："时巴东、建平、宣都、天门四郡蛮为寇。诸郡民户流散，百不存一，太宗、顺帝世尤甚。虽遣攻伐，终不能禁。荆州为之虚敝。"③

自孝武帝分割荆、江等州立郢州后，上游形势已发生根本变化。宋初荆州领郡三十一，后多次分割其郡属他州，孝武帝以后仅余十余郡。土地、人口大大减少，实力已非昔比。"统府" 地位已经

---

① 《宋书》卷68《何尚之传》，中华书局1974年标点本，第1738页。
② 《宋书》卷97《蛮夷传》，中华书局1974年标点本，第2396页。
③ 《宋书》卷97《蛮夷传》，中华书局1974年标点本，第2397页。

丧失。

东晋时，荆州有顺流之势。建康以西朝廷只有江州以为捍蔽。郢州设立后，郢、江两州如两把铁锁，锁住大江。宋末荆州刺史沈攸之起兵十万、铁甲二千东下，但他攻郢州不下，而雍州兵已攻下江陵，断其归路，最终失败。这说明，经宋朝君主不断削弱，上游荆州对下游建康的优势，已不复存在。

南徐、兖州是另一个例子。东晋咸和四年，徐兖刺史郗鉴自广陵移镇京口后，京口、广陵联为一镇。京口、广陵东晋时为一镇，有其地理、政治和军事上的原因。

广陵、京口隔江相对，自古来长江津渡之一。[①] 永嘉之乱，北方大量流民从此南渡，散居在京口、晋陵一带。更有很多流民未能渡江，停留在广陵、江淮间。东晋时这两地的联系应是十分紧密。

从政治上看，京口成为东晋重镇，始于南下的高平大族郗鉴。郗鉴是流民帅，其实力基础是北方流民。郗鉴以徐兖刺史居京口而控广陵，可以不断吸引广陵左近、江淮之间的流民加入北府兵。这成为郗鉴在纷纭变幻的东晋政局中保持家族利益不坠的实力基础。郗鉴经营徐兖十年，其家族势力在此盘踞四十余年。太元二年，谢玄、王蕴分镇广陵、京口。谢玄在广陵募兵，再组北府兵。太元四年谢玄又领徐州刺史。广陵、京口复为一镇。谢氏势力在此地区十余年。所以京口、广陵联为一镇，这是东晋门阀政治下士族门第利益使然。

---

① 《读史方舆纪要》卷二五引陆游之言曰："古来江南有事，从采石渡江者十之九，从京口渡江者十之一。盖以（采石）江面狭于（京口）瓜洲也。"陆游所云是概而言之。东晋时期，广陵、京口成为北方幽、翼、青、并等州流民南下的主要津渡。

京口在军事上地位十分重要。它是拱卫建康、控扼三吴的重镇。它又是东晋北伐的出兵之地。江北广陵在保障京口安全和集结北上军队又有极为重要的作用。当京口与建康反目，广陵的作用更是举足轻重。广陵与京口联手，京口则无后顾之忧。否则，必使京口处两面受敌的境地。刘裕在京口举事，同时使人在广陵袭城，其用意就在于防止自己处在南（建康）北（广陵）夹击之中。

晋末刘裕执政的近二十年中，徐兖刺史或由刘裕亲任，或其子、其弟统领。北府兵和北府系统的文武吏，成为刘裕代晋的实力所在。

刘裕称帝后，京口虽为“皇基旧乡”，也是地方实力极强的重镇。它既可为刘裕代晋所用，也可能对新皇权造成威胁。永初三年，刘裕在死前已意识到这一问题。故在南徐兖刺史刘道怜死后，以檀道济为南兖州刺史镇广陵、彭城王刘义康为南徐州刺史镇京口。刘裕虽使南徐、南兖分处两镇，但南兖州仍在南徐都督的统辖之下。①

《宋书·州郡志一》“南兖州刺史条”云：“中原乱，北州流民多南渡，晋成帝立南兖州，寄治京口……文帝元嘉八年，始割江淮间为境，治广陵。”② 按此处所云南兖州刺史元嘉八年治广陵之事，实际上永初三年起就已治广陵，③ 不复寄治京口。这一年除了“始割

---

① 永初三年，檀道济为“监南徐兖之江北淮南诸郡军事、南兖州史”。（《宋书·檀道济传》）刘义康则为“都督南徐兖二州扬州之晋陵诸军事、南徐州刺史”。（《宋书·武二王彭城王义康传》）元嘉三年，刘义欣为后将军、南兖州刺史，刘义恭为“监南徐兖二州扬州之晋陵诸军事、（此处脱“南”字）徐州刺史，持节、将军如故。进监为都督”。（《宋书·武三王江夏王义恭传》）时南兖州为南徐州所督甚明。

② 《宋书》卷35《州郡志一》，中华书局1974年标点本，第1053页。

③ 这一点胡三省早已指出。《通鉴》卷119武帝永初三年条云檀道济出为南兖州刺史镇广陵，胡注云：“晋成帝立南兖州。治京口，自此治广陵。”（中华书局标点本1976年版，第3743页）

江淮间为境”，还有南充州成为独立的都督区，不再受南徐州都督节制这一重要变化。

《宋书·文帝纪》云：元嘉八年六月乙卯，“割江南及扬州晋陵郡属南徐州，江北属兖州。以徐州刺史竟陵王义宣为南兖州刺史”①。按，“徐州刺史”刘义宣应为南徐州刺史。② 其军职则为“都督（按此处脱一“南”字，见注②）徐兖青冀幽五州诸军事”③。义宣任南徐州刺史时刘遵考为南兖州刺史，“督南徐兖之江北淮南诸军事”④。则此时南兖州都督尚受南徐州都督节度。随后，义宣接替遵考刺南兖，《刘义宣传》云：“（元嘉）八年。又改都督南兖、兖州刺史。”义宣刺南兖，刘义康得为南徐州刺史。⑤《宋书·武二王刘义康传》对刘义康此次任南徐州情况无载。若从刘义宣仅“都督南兖”看，则刘义康为南徐州，当解其军事上节度南兖州的权力。元嘉九年，刘义季代义康刺南徐、刘义恭代义宣刺南兖，二人职衔分别为“都督南徐州诸军事、右将军、南徐州刺史”⑥、“都督南兖徐兖青冀幽六州豫州之梁郡诸军事……南兖州刺史，镇广陵”⑦。也就

---

① 《宋书》卷5《文帝纪》，中华书局1974年标点本，第80页。

② 《宋书·武二王南郡王义宣传》云：“（元嘉）七年，迁使持节、都督徐兖青冀幽五州、徐州刺史。将军如故，仍镇石头。”《宋书·文帝纪》曰：“元嘉七年冬十月甲寅，以左将军竟陵王义宣为徐州刺史。”《通鉴》卷一二一文帝元嘉七年十月条：“以竟陵王义宣为南徐州刺史，犹戍石头。”按，石头城为南徐州驻所，故当以《通鉴》所记为是。《刘义宣传》《文帝纪》所记义宣为“徐州刺史”前皆脱一“南”字。时义宣所任应为“都督南徐兖青冀幽五州”。

③ 《宋书》卷68《武二王南郡王义宣传》，中华书局1974年标点本，第1798页。

④ 《宋书》卷51《宗室刘遵考传》，中华书局1974年标点本，第1841页。

⑤ 清万斯同《宋方镇年表》自元嘉六年至九年南徐州刺史皆书刘义康。（载《二十五史补编》中华书局1956年影印本，第三册，第4257—4258页）按，年表此处有误。刘义康六年为南徐。七年刘义宣为南徐。八年，刘义宣自南徐转南兖，刘义康再为南徐。故《宋书·文帝纪》云，元嘉九年六月“司徒、南徐州刺史彭城王义康改领扬州刺史”。

⑥ 《宋书》卷61《武三王衡阳王义季传》，中华书局1974年标点本，第1654页。

⑦ 《宋书》卷61《武三王江夏王义恭传》，中华书局1974年标点本，第1643页。

是说，元嘉八年宋文帝划分南徐兖州境时，南兖州在军事上也不再受南徐州节度，成为一个独立的都督区。

京口、广陵分为两镇，首先，是刘宋皇帝恐南徐兖为一镇实力过于强大而可能给皇权带来威胁。其次，晋末宋初，南朝疆域向北扩张，彭城、盱眙皆成要镇。广陵成为江北重镇，在军事上支持彭城、盱眙抗魏有重要意义。

元嘉三十年（453）正月，宋文帝又“以南兖州并南徐州”①。文帝如此处分，与宫廷内的矛盾有重要关系。

文帝宠爱太子劭。但文帝嫔妃中，潘淑妃有盛宠。潘妃所生始兴王濬因母有“至爱”，为文帝“甚留心”。太子劭生母元皇后，“性忌，以潘氏见幸，遂以恚恨致崩，故劭深疾潘氏及濬。濬虑将来受祸，乃曲意事劭，劭与之遂善”②。元嘉二十九七月，始兴王濬与太子劭共为巫蛊事发。文帝怒，但并未有所废置，仍以始兴王濬为荆州刺史。

巫蛊事发后，文帝曾责濬与潘妃云：“汝母子岂可一日无我耶!”③《通鉴》述此事胡注云：“言一日无帝，则淑妃及濬将为劭所杀也。”④ 这当然是文帝所不愿。文帝以始兴王濬出刺荆州时，诸大臣表示反对：“谓濬太子次弟，不宜远出。”⑤ 但文帝仍坚持使濬出镇江陵。用意就在于以濬出藩握兵权，即使劭欲加害，也不能不有所顾忌。这是在文帝死后唯一可能保全潘妃与濬的选择。另一方面，

---

① 《宋书》卷5《文帝纪》，中华书局1974年标点本，第102页。
② 《宋书》卷99《二凶始兴王濬传》，中华书局1974年标点本，第2436页。
③ 《宋书》卷99《二凶始兴王濬传》，中华书局1974年标点本，第2437页。
④ 《资治通鉴》卷126文帝元嘉二十九年，中华书局1976年标点本，第3978页。
⑤ 《宋书》卷99《二凶始兴王濬传》，中华书局1974年标点本，第2436页。

始兴王濬居上流，总强藩（元嘉二十九年湘州已并入荆州，其实力更强），也可能对下游不利。文帝在遣始兴王濬西镇荆州时，省南兖入南徐州，并以江夏王义恭为刺史。南兖入南徐加强京口重镇的实力，可使上游不敢轻易兴兵。文帝选刘义恭出镇徐兖，也是颇有深意。

刘义恭在刘义康之后录尚书事。“义恭既小心恭慎，且戒义康之失。虽为总录，奉行文书而已，故太祖安之。”① 这样的人虽握京口强兵，但不会给朝廷造威胁。所以，京口广陵在此时合为一镇，实为文帝为平衡上下游力量对比，防止王室爆发内乱的措置。但文帝尽管以“慈爱”为怀，处心积虑地意图通过平衡中枢与方镇力量，使二子在他死后各得其所，没料到自己却死于儿子之手。

京口、广陵合为一镇，是为文帝防止劭、濬兄弟在他死后相残的措置。所以，当太子劭弑父并为孝武帝刘骏所杀后，这个条件也就不复存在了。在南兖州并入南徐州后仅五个月，即元嘉三十年六月，“还分南徐立南兖州”②，以适应新皇权建立的需要。

京口、广陵分为两镇，使朝廷对下游地区的控制大为增强。刘宋后期，徐兖刺史左右朝廷的局面已不再出现。京口、广陵既分为两镇刘宋皇帝又极重南徐、南兖刺史人选，故两镇很难联合起来对付朝廷。而一镇有事则易为朝廷所平定。大明三年（459 年）孝武帝杀南充州刺史刘诞；元徽四年（476 年）后废帝杀南徐州刺史刘景素，仅出动台军即得逞其志。

总之，刘宋皇帝吸取了东晋方镇实力强大的教训，对于强藩重

① 《宋书》卷 61《武三王江夏王义恭传》，中华书局 1974 年标点本，第 1644 页。
② 《宋书》卷 6《孝武帝纪》，中华书局 1974 年标点本，第 112 页。

镇，分其地以弱其力。到孝武帝时，这一方法已取得成效。中央对地方的控制已经大为增强。尽管刘宋一朝方镇与朝廷兵戎相见不时有之，但皆以朝廷的胜利而告终。

第三节 朝廷对地方控制的加强

一 地方权力的削弱

东晋时期，地方都督刺史除统军治民外，对其属下郡县守令皆有实际上的任免权。（参见第六章第一节）这削弱了朝廷对郡县守令的直接控制。

刘宋时期，朝廷为改变方镇都督对地方官员任命的干预和恣意自为的状况，采取了多方面的措施。

第一，对方镇长官的人选和守宰任期做了规定。东晋时大族出掌方镇，地方势力凌驾于朝廷之上。刘宋皇帝为避免重蹈覆辙。尽力提拔故旧乡人、寒门武人出掌地方，还规定重要州镇必须由宗室出任都督刺史。“高祖以荆州上流形胜，地广兵强，遗诏诸子次第居之。”[①] 刘裕还规定：“京口要地，去都邑密迩，自非宗室近戚，不得居之。”[②] 刘裕即位后，宗室子弟皆幼小，只能选亲信恩倖为行事、典签，代行府州事，以后便形成定制。

刘宋都督刺史任期没有明确规定，长者可十年，短者才数月，完全由皇帝依形势需要而定。都督刺史的任免权完全操于皇帝之手。

刘宋郡县守令皆有任期。宋文帝时承东晋之制，守宰任期为六

---

① 《宋书》卷 68《武二王南郡王义宣传》，中华书局 1974 年标点本，第 1798 页。
② 《宋书》卷 78《刘延孙传》，中华书局 1974 年标点本，第 2018 页。

年。孝武帝则改为三年，然又数更数易，不及三年者。[1] 郡县守宰到期更换，有利于朝廷掌握守令的任免权，也有助于防止都督刺史与郡守结成不解之缘。刘宋还对白板郡县在俸禄上大打折扣，使与朝廷所命之官在待遇上相去甚远。刘宋时期，允许都督刺史在一定情况下任命郡县守令。这些未经朝廷正式任命的守令称为“白板守令”。大明五年（461），“制方镇所假白板郡县，年限依台除，食禄三分之一，不给送故”[2]。这种规定抬高了朝廷命官的地位，同时也使方镇难于搜罗到有为之士充任“白板”守令。

刘宋朝廷还对可能会使郡县守令与都督刺史结成紧密关系的活动予以禁止。如永初元年（420），诏曰：“诸处冬使，或遣或不，事役宜省。今可悉停。唯元正大庆，不在其例。郡县遣冬使诣州及都督府，亦停之。”[3]《宋书·礼志一》云：“魏晋则冬至日受万国及百僚称贺，因小会。其仪亚于岁旦，晋有其注。”[4] 据《礼志》所云，岁旦元会，其仪繁缛。通过百僚参拜皇帝而体现皇权至高无上。地方遣使于冬至日至上司祝贺，其意与此同。郡县冬使至州及都督府，其仪虽无载，但加强都督刺史对郡县守令的统领关系有重作用。[5] 武帝

---

① 《资治通鉴》卷127文帝元嘉三十年：“上多变易太祖之制，郡县以三周为满”。胡注曰：“元嘉之制，守宰以六期为断。然自时厥后，率以三周为满，而又有数更数易，不及三周者”（中华书局1976年标点本，第4008页）。

② 《宋书》卷6《孝武帝纪》，中华书局1974年标点本，第128页。

③ 《宋书》卷3《武帝纪下》，中华书局1974年标点本，第56页。

④ 《宋书》卷14《礼志一》，中华书局1974年标点本，第345—346页。

⑤ 沈攸之为都督荆雍梁等八州军事、荆州刺史。张敬儿为都督雍梁二州军事、雍州刺史。沈攸之作为统府，故敬儿“奉事攸之，动辄咨禀，信馈不绝”。（《通鉴》卷一三三苍梧王元徽二年条）《通鉴考异》引沈约《齐纪》云：“（升明元年）十一月，攸之遂谋为乱。张敬儿遣使诣攸之庆冬，攸之呼使人于密室谓之曰：‘奉皇大后令，得袁司徒、刘丹阳诸人书，呼我速下，可令雍州知此意。’”沈攸之能将密谋告张敬儿派来的庆冬使，则此人必为亲信。遣使庆冬，这是下级奉事上级的重要活动。

保留朝廷“元正大庆”活动，停罢地方的“庆冬”，实则立皇权之威、损都督刺史之权。

第二，将都督刺史的一些重要权力收归朝廷。孝武帝大明七年(463)四月诏曰：“自非临军战陈，一不得专杀。其罪甚重辟者，皆如旧先上须报，有司严加听察。犯者以杀人罪论。”① “皆如旧先上须报”，《通鉴》述此事胡注云：“先上其罪状，待报乃行刑；此汉法也”②。这是孝武帝集中中央权力的一项重要举措。专杀，是魏晋都督在管辖区域行使绝对统治的重要权力。魏晋都督“使持节”得专杀二千石以下，“持节”杀无官位人，“假节”得杀犯军令者。《三国志·魏志·曹爽传》注引《魏略》曰：桓范，魏明帝时为“征虏将军、东中郎将，使持节都督青、徐诸军事，治下邳。与徐州刺史郑歧争屋，引节欲斩歧”③。魏晋都督的专杀之权，说明地方权力的强大。宋孝武帝效仿汉代，剥夺都督的专杀权，以加强中央集权。《宋书·文九王巴陵王休若传》云，休若为都督、使持节、雍州刺史时，“典签夏宝期事休若无礼，系狱。启太宗杀之，虑不被许，启未报，辄于狱行刑，信反果錮送，而宝期已死。上大怒，与休若书曰：‘孝建、大明中，汝何敢行此邪？’”④ 由明帝的话中可以看出，限制都督专杀在孝武时被严格执行了。明帝虽未杀休若，但休若仍受到加杖三百、贬官、削爵的处分。可见禁止专杀，孝武以后仍得到严格执行。

大明七年五月，孝武帝下诏，严格禁止地方擅兴兵众：“自今刺

① 《宋书》卷6《孝武帝纪》，中华书局1974年标点本，第132页。
② 《资治通鉴》卷129孝武帝大明七年，中华书局1976年标点本，第4064页。
③ 《三国志》卷9《曹爽传》注引《魏略》，中华书局1975年标点本，第290页。
④ 《宋书》卷72《文九王巴陵王休若传》，中华书局1974年标点本，第1883页。

史守宰，动民兴军，皆须手诏施行。唯边隅外警，及奸衅内发，变起仓卒者，不从此例。”① 东晋方镇由于有种种借口兴兵聚众，成为威胁朝廷的乱源。孝武帝此举是将地方兴兵之权收归中央，显然是力图改变东晋这一情况。顺帝升明元年，荆州刺史沈攸之起兵。尚书曾下符罪之，其中云：“又攸之践荆以来，恒用奸数，既欲发兵，宜有因假。遂乃蹙迫群蛮，骚扰山谷，扬声讨伐……其侮蔑朝廷，大逆之罪三也。”② 不管尚书符中所说“群蛮骚动”是否为沈攸之“蹙迫”，但沈攸之兴军却要以此为理由。这说明孝武帝之后，方镇兴兵皆须朝廷批准的规定被认真执行了。尽管这一规定并不能根绝方镇起兵反叛，但至少可以对那些敢于反抗朝廷的方镇以“侮辱朝廷”罪之，增加“以顺讨逆”的胜利信心。

对于孝武帝“非临军毋得专杀，非手诏毋得兴军”的做法，王夫之对此评价很高。他认为由于诸侯擅兴军和专杀才造成三代之衰，而中央集权的郡县制之利就在于“州郡不得擅兴军”，郡县制之善就在于“长吏不敢专杀也”。故他认为孝武帝此“法乃永利而极乎善”，所以能影响至唐宋。③ 三代之衰由诸侯擅兴军和专杀造成，显然与事实不符。但禁止州镇擅兴军和专杀，对于削弱地方权力、加强中央集权有重要作用这一点，王夫之的看法还是合乎实际的。

第三，刘宋还设行事、典签以监视、牵制都督刺史。

刘宋皇室子弟出居州镇，因年龄幼小无法执政。皇帝即派亲信或以长史或以参军、长史等身份出掌州镇事务，称之为“行府州

---

① 《宋书》卷6《孝武帝纪》，中华书局1974年标点本，第132页。

② 《宋书》卷74《沈攸之传》，中华书局1974年标点本，第1937页。

③ 王夫之《读通鉴论》卷15《孝武帝七》，中华书局1975年标点本，第1168—1169页。

事”。此职初设，其意仅在使亲信辅佐幼子。以后渐变成皇帝钳制出镇诸王的工具。

行事多以长史为之，原因有三：东晋南朝军事第一，府佐高于州佐。长史为军府首佐，以长史为之，不会打乱原来的行政系统。二，长史为朝廷命官。而非府主自辟，有利于朝廷从用人上加强控制。三，行事对州镇重要事情要启奏朝廷，而且他的长史身份得预朝廷元会，① 为皇帝当面了解出镇诸王详细情况的机会。

典签本为刺史保管文书的小吏，地位低下。②“宋氏晚运，多以幼少皇子为方镇，时主皆以亲近左右领典签，典签之权稍重。”③ 由于典签了解府州论事（府州决策过程）和地位低易控制，很快就成了皇帝控制州镇的一个有力工具。以后“长王临藩、素族出镇，莫不出纳教命，刺史不得专其任也”④。

典签本是刺史自用、受驱使的小吏，与皇帝和刺史关系毫不相干。但他为皇帝所用，就成为朝廷控制地方的一个有力工具。其原因就在于“典签递互还都，一岁数反，时主辄与间言，访以方事，刺史、行事之美恶系于典签之口。莫不折节推奉，恒虑不及。于是威行州郡，权重藩君”⑤。“时主辙与间言”⑥，正是典签对刺史等打小报告的绝好机会。正是由于此，刺史绝对要对典签毕恭毕敬。可见，皇帝通过典签的监察活动可以更有效地控制刺史。

---

① 西晋武帝时征镇长史得预元会，刘宋时此制犹存。见《宋书·沈怀文传》。

② 《南史·恩倖吕文显传》：“故事，府州部内论事，皆签前直叙所论事，后云谨签。月日下又云某官某签。故府州置典签以典之。”

③ 《南史》卷77《恩倖吕文显传》，中华书局1975年标点本，第1933页。

④ 《南史》卷77《恩倖吕文显传》，中华书局1975年标点本，第1933页。

⑤ 《南史》卷77《恩倖吕文显传》，中华书局1975年标点本，第1933页。

⑥ 《南史》卷77《恩倖吕文显传》，中华书局1975年标点本，第1933页。

这里附带说一下行事和典签的关系。典签的职责主要是对刺史、行事进行监察。监察的范围由刑政所施到饮食起居全部包括。[①] 由于典签的监察活动直接与刺史、行事的黜陟任免联系在一起，他能直接与皇帝议论府州事，又得参与州镇论事，因此颇能干预州镇政事。"宗悫为豫州（刺史），临安吴喜公为典签。悫刑政所施，喜每多违执"[②]。

行事主持州镇事务。它的实际地位比典签高。一般情况下州内事物由行事决定。《宋书·邓琬传》云："出为晋安王子勋镇军长史、寻阳内史、行江州事。前废帝……乃遣使赍药赐子勋死。使至，子勋典签谢道遇、斋帅潘麻之、侍书褚灵嗣等驰以告琬，泣涕请计。"[③] 邓琬遂决定以子勋教命起兵反抗。《南齐书·顾宪之传》亦云："行南豫、南兖二州事。典签咨事，未尝与色，动遵法制。"[④] 行事还负有监督典签的责任。《南齐书·肖惠基附弟惠朗传》云："永明九年，（惠朗）为西阳王征虏长史、行南兖州事。典签何益孙，赃罪百万，弃市。惠朗坐免官"[⑤]。同书《沈宪传》亦云："永明八年，子明典签刘道济，取府州五十人坐自给。又役子明左右，及船杖赃私百万，为有司所奏。世祖怒，赐道济死。〔行事〕宪坐不纠，免官。"[⑥] 永明，是齐武帝在位年号。此时正值典签权势最炽时

---

① 在饮食起居监察主要是针对出镇诸王，目的是防止诸王奢侈逾制，渐生犯上之心。孝建二年，孝武帝"嫌侯王强盛，欲加消减"，颁行二十四条，在车服、器用、礼乐制度等方面规范王侯，不得逾制。见《宋书》卷 18《礼志五》，中华书局 1974 年标点本，第 521 页。

② 《南史》卷 77《恩倖吕文显传》，中华书局 1975 年标点本，第 1933 页。

③ 《宋书》卷 84《邓琬传》，中华书局 1974 年标点本，第 2130 页。

④ 《南齐书》卷 46《顾宪之传》，中华书局 1972 年标点本，第 808 页。

⑤ 《南齐书》卷 46《萧慧基附弟惠朗传》，中华书局 1972 年标点本，第 812 页。

⑥ 《南齐书》卷 63《良吏沈宪传》，中华书局 1972 年标点本，第 921 页。

期。这时典签尚受行事监督，刘宋时当亦如此。

据以上可知，一方面行事受典签监督，而典签又受行事监督；另一方面行事虽主持府州军政，而典签亦得参与其中，使行事不得专其任。这种权力关系纠缠不清，造成当时州镇政事滞碍难行。《南齐书·张岱传》云：“初，巴陵王休若为北徐州，未亲政事以岱为冠军咨议参军，领彭城太守，行府、州、国事。后临海王为征虏广州、豫章王为车骑扬州、晋安王为征虏南兖州，岱历为三府咨议、三王行事，与典签、主帅共事，事举而情得。或谓岱曰：‘主王既幼，执事多门。而能缉和公私。云何以致此？’”① 作为行事的张岱因与典签等共事，能做到“事举而情得”，故特别为人称道。这说明由于州镇执事权力划分不清，行事、典签不和睦的情况很多。这必然会影响行政效率。《宋书·恩倖传》序称：“孝建、泰始，主威独运，官置百司，权不外假。而刑政纠杂，理难偏通，耳目所寄，事归近习。”② 行事、典签之间的关系就是“刑政纠杂，理难偏通”。这直接造成州镇政出多门，削弱了地方的权力，但州镇强大难制的局面得到根本改观。

总之，由于刘宋皇帝通过推行以上措施，使中央对地方的控制得到了加强。

二　朝廷对地方控制的加强

刘宋时期，朝廷对地方的控制明显加强，这表现在两个方面：

第一，方镇若反叛朝廷，首先要跨越行事、典签这一障碍。雍

---

① 《南齐书》卷32《张岱传》，中华书局1972年标点本，第580页。

② 《宋书》卷94《恩倖传》，中华书局1974年标点本，第2302页。

州刺史海陵王休茂，年十七，“司马新野庾深之行府事，休茂性急疾，欲自专，深之及主帅每禁之，常怀忿怒。左右张伯超……谓休茂曰：‘主官密疏官罪过，欲以启闻，如此恐无好。’休茂曰：‘为何计？’伯超曰：‘惟有杀行事及主帅，举兵自卫……’。（休茂等）杀典签杨庆，出金城，杀司马庾深之及典签戴双。征集兵众，建牙驰檄”①。刘休茂虽杀了行事、典签，但因平日并不主政，没有通过发号施令建立起权威，竟为其僚属所杀。可见，行事、典签的设置，对地方权力集中于都督刺史之手起了很大的削弱作用。

第二，统府与分督、州郡之间的关系亦发生了变化。

西晋末都督权势大盛。东晋时都督间也存在上下级关系。如驻襄阳、会稽的都督就分别为荆、扬都督所统。在东晋荆、扬之争时，从未有襄阳都督与扬州携手对付荆州之事。刘宋时这种情况已经变化。沈攸之为都督荆湘雍梁宁南北秦八州诸军事、荆州刺史，同时朝廷以张敬儿为都督雍梁二州军事、雍州刺史。“敬儿至镇，厚结攸之，信馈不绝。”② 但这只是表面上的虚应故事。当沈攸之起兵下扬州，“遣使邀张敬儿及豫州刺史刘怀珍、梁州刺史梓潼范柏年……巴陵内史王文和同举兵。敬儿、怀珍、文和并斩其使，驰表以闻”③。沈攸之率兵顺流而下，张敬儿引襄阳兵袭江陵，断其后路，终使沈攸之兵败身亡。

东晋时期，郡守几乎在刺史的绝对控制之下。当刺史举兵与朝廷相抗时，郡守绝少不应刺史之命的。刘宋时这种情况已经很少见。

---

① 《宋书》卷79《文五王休茂传》，中华书局1974年标点本，第2044页。
② 《南齐书》卷25《张敬儿传》，中华书局1972年标点本，第465—466页。
③ 《资治通鉴》卷134顺帝升明元年，中华书局1976年标点本，第4203页。

泰始元年（465），明帝以徐州刺史刘昶欲反，率兵讨伐。刘昶即聚兵反，移檄州内诸郡，“皆不受命，斩昶使，将佐文武悉怀异心”①。《宋书·沈攸之传》亦云：“（元徽四年）攸之军入峡讨蛮帅田五郡等。及景素反，攸之急追峡中军，巴东太守刘攘兵、建平太守刘道欣并疑攸之自有异志，阻兵断峡，不听军下。”② 这种情况的出现，无疑是都督刺史权力削弱的一种反映，使他们难于集中一镇一州之兵来对抗朝廷。刘宋时期，“外州起兵，鲜有克胜”③，与这种情况有很大关系。这说明这一时期，中央对地方控制是大大地加强了。

如上所述，刘宋时期中央和地方的关系较之东晋发生了很大变化。以刘宋一朝而言，孝武帝前后是一明显的分界。刘宋武、文两朝虽然也在削弱地方上采取了种种措施。但地方势力强大的局面尚需时间和条件来扭转，所以孝武帝刘骏能以江州地方的实力入主朝廷。刘骏即位后，为防止这一情况重演，采取了诸如分割扬、江、荆、徐兖等州，设置典签、行事，防禁诸王，限制都督刺史权力等种种措施。地方反叛虽屡有发生，但方镇取胜的局面则不复出现。这种权力之争使刘宋皇家与宗室间屡屡出现大量屠戮事例，让读史者惊心。清人赵翼《廿二史记札记》有《宋子孙屠戮之惨》条，尽述刘宋宗室内部互相残杀之惨状，认为“宋武以猜忍起家，肆虐晋室，戾气所结，流祸及于后嗣”④。赵翼此说显然是受佛家因果报应之影响。实际上“宋子孙屠戮之惨”与当时中央与地方的权力矛盾

---

① 《资治通鉴》卷130明帝泰始元年，中华书局1976年标点本，第4079页。

② 《宋书》卷74《沈攸之传》，中华书局1974年标点本，第1932页。

③ 《南齐书》卷22《豫章王嶷传》，中华书局1972年标点本，第406页。

④ 《廿二史札记》卷11《宋子孙屠戮之惨条》，中华书局1984年王树民校正版，第241页。

和刘宋削弱地方实力的政策有重要关系。

宋代晋后，方镇实力强大的局面尚未根本改观。刘裕为避免重蹈覆辙，防止异姓、士族凭借方镇实力凌驾皇权之上，规定要州重镇，非宗室子弟不得居之。诸王出镇后，他们的宗室身份和手中权力足以启其觊觎皇位的野心，而深居宫中的皇帝亦因诸王手握强兵而感到不安，嫌隙由此而起。自孝武帝起，中央讨伐地方，地方反叛的内战不断，其背景实际就是中央和地方之间的权力较量。在这一连串的较量中，得胜一方总是中央，而地方反叛的主要角色是宗室诸王，他们及其子弟遭受屠戮也是必然。这才是“宋子孙屠戮之惨”的真正原因，而与因果报应并不相干。在连年不断的内战中，不但给社会生产造成很大破坏，宋武之子孙死于非命者十之七八，宋的统治也在混战断杀中动摇。

参考文献

《韩非子》，四部丛刊初编子部，商务印书馆1936年版。

《史记》，中华书局1959年版。

《汉书》，中华书局1962年版。

《后汉书》，中华书局1965年版。

《三国志》，中华书局1959年版。

《晋书》，中华书局1974年版。

《宋书》，中华书局1974年版。

《南齐书》，中华书局1972年版。

《梁书》，中华书局1973年版。

《陈书》，中华书局1972年版。

《魏书》，中华书局1974年版。

《世说新语》，上海古籍出版社1982年影印版。

《通典》，中华书局1988年影印版。

《资治通鉴》，中华书局1956年版。

洪饴孙：《三国职官表》，二十五史补编收录，中华书局1956年影印本。

李昉：《太平御览》，中华书局1985年影印版。

李吉甫撰，贺次君点校：《元和郡县图志》，中华书局1983年标点版。

章如愚：《山堂（群书）考索》，文津阁《四库全书》本。

顾炎武：《日知录》，商务印书馆1934年版。

梁启雄：《韩子浅解》，中华书局1982年版。

卢弼：《三国志集解》，中华书局1982年影印版。

钱大昕：《廿二史考异》，上海古籍出版社1984年版。

万斯同：《晋方镇年表》，二十五史补编收录，中华书局1956年影印本。

万斯同：《宋方镇年表》，二十五史补编收录，中华书局1956年影印本。

万斯同：《魏方镇年表》，二十五史补编收录，中华书局1956年影印本。

吴廷燮：《东晋方镇年表》，二十五史补编收录，中华书局1956年影印本。

陈寅恪：《金明馆丛稿初编》，上海古籍出版社1981年版。

陈寅恪：《隋唐制度渊源论稿》，上海古籍出版社1980年版。

陈寅恪：《唐代政治史述论稿》，上海古籍出版社1980年版。

何兹全：《读史集》，上海人民出版社1982年版。

何兹全：《秦汉史略》，上海人民出版社1955年版。

何兹全：《魏晋的中军》，载《史语所集刊》第17本，1948年。

何兹全：《魏晋南北朝史略》，上海人民出版社1958年版。

何兹全：《魏晋南朝兵制》，载《史语所集刊》第16本，1947年。

何兹全:《“质任”解（一）》，载《食货》第1卷第8期，1935年月。

谭其骧:《永嘉丧乱后之民族迁徙》，载《燕京学报》第15期。

唐长孺:《魏晋南北朝史论丛》，生活·读书·新知三联书店1955年版。

唐长孺:《魏晋南北朝史论丛续编》，生活·读书·新知三联书店1959年版。

唐长孺:《魏晋南北朝史拾遗》，中华书局1983年版。

田余庆:《东晋门阀政治》，北京大学出版社1989年版。

王超:《我国封建时代中央地方关系述论》，载《中国社会科学》1983年第1期。

王夫之:《读通鉴论》，中华书局1975年标点本。

王寿南:《唐代藩镇与中央关系研究》，台湾大化书局1978年版。

王仲荦:《魏晋南北朝史》，上、下 上海人民出版社1979年、1980年版。

吴士鉴:《晋书斠注》，嘉业堂1928年木刻本。

严耕望:《魏晋南北朝地方行政制度》，台湾“中研院”史语所专刊，1963年。

余嘉锡:《世说新语笺疏》，中华书局1983年版。

赵翼撰，王树民校:《廿二史札记校证》，中华书局1984年版。

周一良:《魏晋南北朝史论集》，中华书局1963年版。

周一良:《魏晋南北朝史札记》，中华书局1985年版。

朱弘:《关于秦汉分封制的历史反思》，载《中国史研究》1989年第1期。

朱铭盘：《南朝宋会要》，上海古籍出版社 1984 年版。

陈琳国：《论魏晋南朝的都督制》，载《北京师范大学学报》1986 年第 4 期。

陈琳国：《论魏晋北朝政治制度研究》，博士学位论文，北京师范大学，1986 年。

陈勇：《刘宋时期的皇权与禁卫军》，载《北京大学学报》1988 年第 3 期。

附　　录

北京师范大学研究生学位论文学术评议书

论文题目：汉魏晋（刘）宋时期中央地方关系——权力的矛盾和调整

研究生姓名：薛军力　　专业：中国古代史　　入学时间：1987.9

导师姓名：何兹全　　职称：教授　　所在单位：北师大历史系

评阅人姓名：周一良　　职称：教授　　所在单位：北京大学

评阅人收到学位论文日期：

评阅说明：

一、该生将于19　年　月　日进行毕业论文答辩，请您将审查意见于1991年1月5日以前，用挂号寄回。北京师范大学历史系系（所）何兹全先生处。

二、在审查时，请参照以下几个方面提出意见：

1．论文写作是否认真，态度是否科学、严肃。

2．对论文质量的评价，主要优缺点、数据、材料收集，结论是否正确，有无新的见解。

3．质询研究生的问题。

4．是否同意研究生进行学位论文答辩。

评阅人审查意见：此文以马克思主义为指导，根据翔实史料，经过严密论证，得出可信服的结论，是一篇成功之作，同意进行答辩。文中所论的各时期中央地方关系，前人多有论及，但把汉魏晋刘宋四代串联起来，观其会通，寻其演变，指出其异同，此文尚属首次尝试。文中的论述，对于研究这些历史具体问题，如八王之乱、宋孝武帝评价等，皆能从新角度有所帮助。文中关于"都督制"完成于黄初元年，西晋中军之削弱，陶侃王导湘州之争，荆州立说颇为新颖，而综合前人之分合者，皆有所分析，入情入理，颇见新意。

（纸不够用请另加纸）

评阅人（签名）周一良

1990年12月18日

北京师范大学研究生学位论文学术评议书

论文题目：汉魏晋（刘）宋时期中央地方关系——权力的矛盾和调整

研究生姓名：薛军力	专业：中国古代史	入学时间：1987.9
导师姓名：何兹全	职称：教授	所在单位：北师大历史系
评阅人姓名：祝总斌	职称：教授	所在单位：北大历史系

评阅人收到学位论文日期：

评阅说明：

一、该生将于1991年1月下旬日进行毕业论文答辩，请您将审查意见于1991年1月5日以前，用挂号寄回。北京师范大学历史系（所）。何兹全先生处

二、在审查时，请参照以下几个方面提出意见：

1．论文写作是否认真，态度是否科学、严肃。

2．对论文质量的评价，主要优缺点、数据、材料收集，结论是否正确，有无新的见解。

3．质询研究生的问题。

4．是否同意研究生进行学位论文答辩。

评阅人审查意见：

薛军力同志博士学位论文拜读后，我以为其优点有三：

1、探讨中央与地方的关系，是我国古代政治史、政治制度上一个十分有意义的课题，或许对今天也有借鉴作用。可是过去这方面似乎只有个别、零散的研究。今作者慧眼独具，拈出这一题目，充分[illegible]前人成果，而又进一步对西汉到刘宋中央、地方关系的演变、得失、规律进行了系统探讨研究，这本身就是创造性的，首先值得肯定。

2、中央与地方关系是一个宏观题目，处理不好，或功力不到，极易流于空泛。而作者却能紧密联系政治制度、经

事制度的重大演变，进行细致的探讨，特别是能结合历史背景、统治阶级、集团内部种种矛盾，以及统治者指导思想的转变，进行动态的分析，提出一些独到见解，或通过补充史料，深化前人见解，使之更有说服力，这些是本文的特点与优点。例如：84页论证司马睿夺取荆州，乃实现江东立国的关键一举，由于计出王导，又成于王敦，从而奠定"王与马，共天下"的基础。又如：90—95页论证陶侃之代王敦督荆州，乃晋明帝有意以之抑制王氏势力，伸张皇权，然而随着荆、湘关系变化，以及后来倾斜于荆州，又导致了陶侃在上游的坐大。再如：110页通过加强中央宿卫兵这一前人似未注意的措施，论证晋孝武帝伸张皇权。

3、史料丰富，特点是不在于大量罗列、排比，而在于抓住关键史料，把握其内在联系。如112—3页，谢安死后，其卫将军府文武将吏均未并入司马道子骠骑府，作者指出此事通鉴其所以不载，可能是司马光据《晋书·谢石传》而误。如据《司马道子传》，特别是《司马元显传》"共先卫府"一句，则元显为征虏将军时，卫将军府文武皆已并入骠骑府。这个分析，细致又很有说服力。

总之，这是一部系统研究本课题的专著，史料翔实，多有创见，质量较高，愚意以为应准予进行博士学位论文答辩。

论文不足之处是：有些地方精粗不调。

质询问题：试举例说明，在地方制度建立演变过程中，提高统治效率，保证统治质量（包括战争胜利）这一指导思想所占的地位。

评阅人（签名）祝总斌

（纸不够用请另加纸）

1990年12月　日

北京师范大学研究生学位论文学术评议书

论文题目：汉魏晋(刘)宋时期中央地方关系——权力的矛盾和调整

研究生姓名：薛军力　　专业：中国古代史　　入学时间：1987.9

导师姓名：何兹全　　职称：教授　　所在单位：历史系

评阅人姓名：李　可　　职称：副教授　　所在单位：北京师范学院

评阅人收到学位论文日期：

评阅说明：

一、该生将于1991年6月下旬日进行毕业论文答辩，请您将审查意见于1991年6月5日以前，用挂号寄回。北京师范大学历史系(所)何兹全先生处。

二、在审查时，请参照以下几个方面提出意见：

1．论文写作是否认真，态度是否科学、严肃。

2．对论文质量的评价，主要优缺点、数据、材料收集，结论是否正确，有无新的见解。

3．质询研究生的问题。

4．是否同意研究生进行学位论文答辩。

评阅人审查意见：

薛军力同志的《汉魏晋(刘)宋时期中央地方关系——权力的矛盾和调整》在前人研究的基础上对这个时期中央与地方关系作了详细而深入的探讨。其中如都督的设立和作用不同时期的不同作用，行台与镇的形成和作用，刘宋时期中央对地方控制的加强等，皆具有自己的创见。说明作者具有相当的学术功底和研究能力，学风也是朴实的。同意进行学位论文答辩，并建议授与博士学位。

评阅人（签名）

（纸不够用请另加纸）

1991 年 2 月 21 日

北京师范大学研究生学位论文学术评议书

论文题目：汉魏晋（刘）宋时期中央地方关系——权力的矛盾和调整

研究生姓名：薛军力　　专业：中国古代史　　入学时间：87.9

导师姓名：何兹全　　职称：教授　　所在单位：历史系

评阅人姓名：蒋福亚　　职称：副教授　　所在单位：北京师范学院历史系

评阅人收到学位论文日期：1990年12月8日

评阅说明：

一、该生将于19　年　月　日进行毕业论文答辩，请您将审查意见于1991年1月5日以前，用挂号寄回。北京师范大学历史系（所）何兹全先生处。

二、在审查时，请参照以下几个方面提出意见：

1．论文写作是否认真，态度是否科学、严肃。

2．对论文质量的评价，主要优缺点、数据、材料收集，结论是否正确，有无新的见解。

3．质询研究生的问题。

4．是否同意研究生进行学位论文答辩。

评阅人审查意见：在我国封建社会专制主义中央集权政体下，历代封建统治者是如何处理好中央和地方的关系，巩固统一，加强中央集权的？是政治史研究中一向为学术界所关注的重大课题之一。作者在翻阅了大量的史料、政书和综合了现有学术成果的基础上，系统地、深入细致地、清晰地论述和分析了汉到刘宋时期中央和地方的关系、矛盾斗争、权力分配、直属地方行政机构的建置和内容诸问题。作者不仅阐述了州牧、都督等制度本身与当时统一与分裂局面的关系，更着重于这一历史时期各个最高行政机构产生、演变的历史条件的探索，从而使作者提出州刺史的地方化造成汉末军阀割据和混战，但在曹操统一北方过程中却又起着巩固地方、备战对敌的作用；都督制的出现具有备战御敌、对外作战、加强中央集权、巩固统一的巨大影响，但其完全地方化却又成为中央集权的对立物，是八王之乱及东晋政局动荡的渊薮等一系列的论点奠定了坚实的基础，具有较强的说服力和可信性。文中有关一种地方制度能否起到加强中央集权的作用，既取决于制度本身，还取决于它在运转过程中中央是否有能力控制；统治集团的内部斗争巨大地影响了中央和地方的关系及地方行政制度的演变；西晋都督制的出现是魏晋以来地方建制依附关系发展的结果等论点，都具有启发性。而第七章的论述更填补了这一时期政治史研究的空白。

专制主义中央集权的发展，在我国是有规律可循的。文中虽有论及，但尚嫌不足，缺乏系统的总结。个别文句，诸如"刘弘依靠前期建立的府主故吏关系"之类容易引起误解，应力求更准确些。

作者态度严肃认真，具备了博士生应有的学识及能力，我同意他进行学位论文答辩。

评阅人（签名）[illegible]

1990年12月26日

（纸不够用请另加纸）

北京师范大学研究生学位论文学术评议书

论文题目：汉魏晋(刘)宋时期中央地方关系——权力的矛盾和调整

研究生姓名：薛军力　　专业：中国古代史　　入学时间：1987.9

导师姓名：何兹全　　职称：教授　　所在单位：历史系

评阅人姓名：张泽咸　　职称：研究员　　所在单位：中国社科院历史所

评阅人收到学位论文日期：

评阅说明：

一、该生将于1991年1月下旬日进行毕业论文答辩，请您将审查意见于1991年1月5日以前，用挂号寄回。北京师范大学历史系(所)何兹全先生处。

二、在审查时，请参照以下几个方面提出意见：

1．论文写作是否认真，态度是否科学、严肃。

2．对论文质量的评价，主要优缺点、数据、材料收集，结论是否正确，有无新的见解。

3．质询研究生的问题。

4．是否同意研究生进行学位论文答辩。

评阅人审查意见：中央与地方关系是几千年来长期存在的一个重大问题。论文重点研讨了汉宋间长达六七百年中央与地方之间权力的演变过程，有几点比较突出的优点。

(一)本文紧紧围绕自西汉至刘宋，就刺史、都督的产生及其演变按时间顺序有重点地进行了探讨分析，前后脉络分明，文字比较简洁，表现作者颇费了一番心思。

(二)汉代刺史监督郡国，东汉都督是加强中央控制地方的权力及其表现，刺史、都督发展到割据时期的对立面，成为地方势力的权力代表，本文对于它们之间的发展演变及其转化，有分析并有较强的说服力。

(三)作者能运用吸收并消化前辈学者有关政治史的现有研究成果融会于自己的著作中，且一一作注说明，充实了论文的分量，并从自己的研究有所前进有新的进展。

（四）不足之处与修改意见：论文涉及汉魏与宋代时大多是提问题，但其结论往往[illegible]要靠作者自己的学术功底与实力，[illegible]，[illegible]的实际。

限于个人能力与学识，该论文涉及面广，又没有查核论文所引资料的情况下，这只是作者个人感想，不是论文[illegible]的依据，仅供参考。

1. 魏晋南北朝地方势力强大与门阀士族紧密相联，汉代却不能说与豪族同人的大地主，到宋都不提及豪门士族，但该文在[illegible]汉宋时中央与地方关系中[illegible]及社会阶层力量[illegible]附加成分，缺乏细致的分析过程。论文以到宋为断，认定"中央与地方的关系发生了很大变化"，并认为以后"完全扭转了地方势力强大的局面，此后[illegible]不再出现"，这些论断也有点高估了宋朝以后的情况。[illegible]入主朝政，[illegible]中央与地方关系[illegible]改变也难以完全使论文上述的论断。

2. 85页说"两晋以来随着了长江上中游的开发，为了安置侨民，[illegible]"，由荆州分出数州[illegible]。该论文讨论的问题不仅涉及政区地理范畴，由于作者对地理的忽视，不少段落看来不能使其文字有些迂回，难以使读者一目了然。如[illegible]加强人文地理的学习，对该论题的研究大有裨益。

3. 论文打印错别字虽不太多，但某些地方误引，这里仅举出了打印和引文等几例：①16页"汉代一些官员的任命均源出自皇帝"，"10页""郡县官吏均由朝廷任命"。如果说后一句尚可，但不能说[illegible]那么前一句显然更不对了。例如汉宣帝时张敞上书言郡国的僚属多至数十人。汉代郡县不少属吏[illegible]，汉魏六朝时乃至宋时都不能说"一切官吏的任命均由皇帝"。②15页引述汉代的《朱博传》，据我读史印象，朱博为西汉后期宰相，并没有生活在东汉时，东汉时有个朱博这样的大人物吗？又如110页引《晋书·[illegible]传》，我的印象似乎晋书中并无此人传记，如果我的印象不误，那么这几处引文可能都是打印之过错了。

评阅人（签名）张泽咸

（纸不够用请另加纸）

1990 年 12 月 30 日

北京师范大学研究生学位论文学术评议书

论文题目：	汉魏晋(刘)宋时期中央地方关系——权力的分配和调整				
研究生姓名：	薛军力	专业：	中国古代史	入学时间：	1987.9
导师姓名：	何兹全	职称：	教授	所在单位：	历史系
评阅人姓名：	吴 大 渭	职称：	研究员	所在单位：	中国社会科学院历史所
评阅人收到学位论文日期：					

评阅说明：

一、该生将于19　年　月　日进行毕业论文答辩，请您将审查意见于1991年1月5日以前，用挂号寄回。北京师范大学历史系（所）何兹全先生处。

二、在审查时，请参照以下几个方面提出意见：

1．论文写作是否认真，态度是否科学、严肃。

2．对论文质量的评价，主要优缺点、数据、材料收集，结论是否正确，有无新的见解。

3．质询研究生的问题。

4．是否同意研究生进行学位论文答辩。

评阅人审查意见：本文对汉魏晋宋中央和地方权力分配调整所涉及的一些关键问题，如刺史郡的地方化，都督制的形成和发展，荆扬之争和宋的重镇的出现，中央集权势力的消长，皇室和士族高门、寒门士族三股政治势力在中央和地方权力分配中的兴衰演变，均作了全面系统的论述。并从中央和地方一些重要的政治军事制度，纵横交错、动态相关中去进行深入地考察。从而对汉宋间中央集权和地方分权的关系，作出较准确的把握和论证，在吸收前人成果的基础上，对汉宋间封建政权的研究开拓了某些新的领域。

文中关于中央和地方的关系，提出了许多精辟的见解，如论及在中央集权制度下，存在着两种权力集中的现象即皇帝想集中一切大权于中央，但同时地方长官刺史太守又总揽一方大权，后一种集权必然对中央集权产生一种离心力，用加地方集权，实际上是统一的国家的分权力量。这种分析显然是一种辩证观点的体现。文中对于论及刺史职权变化时指出，刺史在郡守任免上举足轻重的作用，产生了两方面的效应。一方面反了守为自辩，以能拱卫王室，但它刺史侵夺权力；另一方面刺史也在篡夺朝廷对郡守的任免权。刺史在这方面的权力越大，朝廷对郡守的直接控制权力就越小。而刺史也就逐渐由中央官向地方官转化。又说刺史权重所起的作用，关键在朝廷是强是弱，朝廷权势衰弱，刺史权重则成分裂割据；朝廷权势强大，刺史有权则成为稳定地方的力量。这些结论都是颇有见地的。再如论述晋东之际皇权重振时指出，随着门阀士族地位的动摇和衰落，门阀政治必然要回归于皇权政治。从晋孝武帝起，门阀政治趋向没落，士族门户之间，士族与皇室之间，寒门与士族之间的斗争，都在不同程度上为皇权的兴起而开拓道路。这些论断都是剀切中肯，言之有据的。

本文考订史实，搜遗钩沉，成绩不少。如对刺史制由监察机构变为行政机构的原因、刺史制和都督制地方的具体时间界限；郡守为什么能够逐渐侵夺刺史之权；而晋中军力量的分散和削弱而导致西晋政治的瓦解；东晋"方镇之计"出于王导而成于王敦；东晋重镇的形成及其对晋宋之际的政局影响；刘宋为加强对地方政权的控制所设的"刺事"一职等历史问题，均作了比较细微的钩稽考订，大都符合历史真实。

综观本文，观点鲜明，资料翔实，论述平允，考证谨严，且多有创新。全文表现了作者宽广扎实的学术基础，以及系统深入的专业知识。我个人认为，该文达到了博士学位论文的水平，同意提交答辩。

评阅人（签名）朱大渭

（纸不够用请另加纸）　　1991年1月7日

北京师范大学研究生学位论文学术评议书

论文题目：汉魏晋（刘）宋时期中央地方关系——权力的矛盾和调整

研究生姓名：薛军力　专业：中国古代史　入学时间：1987.9.

导师姓名：何兹全　职称：教授　所在单位：北师大历史系

评阅人姓名：缪钺　职称：教授　所在单位：四川大学历史系

评阅人收到学位论文日期：1990年12月12日

评阅说明：

一、该生将于1991年 1 月下旬日进行毕业论文答辩，请您将审查意见于1991年 1 月5日以前，用挂号寄回。北京师范大学历史系系（所）何兹全先生处。

二、在审查时，请参照以下几个方面提出意见：

1．论文写作是否认真，态度是否科学、严肃。

2．对论文质量的评价，主要优缺点、数据、材料收集，结论是否正确，有无新的见解。

3．质询研究生的问题。

4．是否同意研究生进行学位论文答辩。

评阅人审查意见：

在我国秦汉以后的中央集权的封建王朝中，中央与地方权力的矛盾与调整，影响到国家政局的安危。古今史学者虽亦多注意及此，有所论述，然大都是涉及局部问题，或具体事件，鲜有作全面综合之阐论者。薛军力君选定汉、魏、晋、宋四朝，研究此时期中央与地方权力的矛盾与调整，是很有意义的。

汉、魏、晋、宋四朝共计虽仅六百余年，但是经过汉魏、魏晋、晋宋三次易代，有统一时期，亦有分裂时期，政治斗争，复杂剧烈，因此，这一时期内，中央与地方之权力关系也变化多端，不易清理。薛君能从繁复的史料中仔细研寻，理清线索，由表面的简单现象推究其中深藏的意义，确是很费心力的。

文中论述了汉代的刺史制、曹魏的都督制、西晋时都督制的变化、东晋门阀政治与都督制之关系、刘宋加强中央控制，削弱强藩等，这种变化，清理线索甚为明晰。在个别问题上，如荆扬之争、京口重镇的平衡作用、荆、湘分合、南兖南徐之间的关系；又如所涉及的人物：王导、王敦、庾亮、陶侃、郗鉴、桓温、谢安、刘裕等，都能探微索隐，阐明其中微妙复杂的情况，使读者受启发之益。

总之，这篇论文，资料翔实，推勘细密，能在纷繁的历史事实中，理清线索，阐明变化之故，对于研治中国政治史很有助益，已经达到博士论文的水平，可以进行学位论文答辩。

评阅人（签名）缪钺

（纸不够用请另加纸）

1990 年 12 月 18 日

北京师范大学研究生学位论文学术评议书

论文题目：汉魏晋（刘）宋时期中央地方关系——权力的矛盾和调整

研究生姓名：薛军力　　专业：中国古代史　　入学时间：1987.9

导师姓名：何兹全　　职称：教授　　所在单位：北师大历史系

评阅人姓名：韩国磐　　职称：教授　　所在单位：厦门大学历史系

评阅人收到学位论文日期：1990，12.16.

评阅说明：

一、该生将于1991年　1　月下旬　日进行毕业论文答辩，请您将审查意见于1991年　1　月　5　日以前，用挂号寄回。北京师范大学历史　系（所）何兹全先生处

二、在审查时，请参照以下几个方面提出意见：

1. 论文写作是否认真，态度是否科学、严肃。

2. 对论文质量的评价，主要优缺点、数据、材料收集，结论是否正确，有无新的见解。

3. 质询研究生的问题。

4. 是否同意研究生进行学位论文答辩。

评阅人审查意见：

这篇论文，系统地阐论了汉魏晋宋各朝中央与地方权力的矛盾及其所进行的调整，深刻地分析了其间的因果关系，是篇很好的博士论文。文章首先论述汉初的郡国犬牙交错设置，文景以来的众建诸侯而少其力，及汉武帝时的设部刺史以监郡，此皆吸取以前教训，因时制宜，用以巩固中央对地方的控制权力。次述部刺史由监郡进而发展为郡以上的一级行政机构，由代表中央权力转而地方化，成为强大的地方势力。此乃完成于刘焉的建议设置州牧和董卓之乱后，此后州郡县三级制行于魏晋南北朝时。

又说都督制形成于黄初元年，曹丕为易代称帝和捍御吴蜀及北边而置及西晋而内地遍置都督，作为控制地方的工具，但都督随即地方化而对抗中央。东晋为都督（督领刺史）势力的极盛时期，中央权力衰落，东晋末期经常慌慌于上游荆州的凌逼。至宋刘裕以徐兖北府兵力代晋称帝后，加强对都督的控制，分割荆州势力并规定重镇要州非宗室子弟不得任之，故中央权力再振。过去虽有文章讨论汉代的刺史州牧，魏晋以来的都督刺史方镇势力，但从贯通魏晋宋进行综合研究者很少，此文足补其阙。更应指出，文章能在吸取前人成果的基础上，提出创造性见解。如论及晋初的分封，不是随同一般的否定意见，而是指明这一措施"未可视为政治制度的倒退，而是西晋作为接受秦……的教训，适应当时实际情况的一种制度上的调整"。又如指明曹丕初置都督和西晋初的普置都督，在其开始时有积极作用，不能一概否定之。再如文章指出东汉末年州牧刺史造成割据混乱局面，东汉终于灭亡；而东晋都督权力最盛，却因其他因素的交错，微弱的王朝却得以延续百余年；区别其间相同中的不同。等等。所有这些，皆可见作者的功力和其独到的见解。故这篇论文是一篇达到博士水平的论文，建议答辩通过。"

（纸不够用请另加纸）

厦门大学历史系

评阅人（签名）韩国磐教授　韩国磐印

1990年12月26日

北京师范大学研究生学位论文学术评议书

论文题目：汉魏晋(刘)宋时期中央地方关系——权力的矛盾和调整

研究生姓名：薛军力　　专业：中国古代史　　入学时间：1987.9

导师姓名：何兹全　　职称：教授　　所在单位：北师大历史系

评阅人姓名：　　职称：　　所在单位：

评阅人收到学位论文日期：

评阅说明：

一、该生将于1991年1月15日进行毕业论文答辩，请您将审查意见于1991年1月5日以前，用挂号寄回。北京师范大学历史系(所)何兹全先生处

二、在审查时，请参照以下几个方面提出意见：

1．论文写作是否认真，态度是否科学、严肃。

2．对论文质量的评价，主要优缺点、数据、材料收集，结论是否正确，有无新的见解。

3．质询研究生的问题。

4．是否同意研究生进行学位论文答辩。

评阅人审查意见：作者学习前辈和同辈学者的长处，在他们科学研究的基础上，加以概括综合，使原来有些琐碎的比较片断、零碎的学术成果系统化、理论化，这是作者的一大长处。元代学者胡三省《通鉴》注，作者多次引用，均能溶化入自己论文的肌体，不见支蔓；近代学者顾祖禹、万斯同、吴廷燮的表格、统计及说明，也都得到合理的使用；同辈学者陈琳国、陈勇、王[illegible]的见解、分析，使用时有深化的趋向；尤其是对何兹全、谭其骧、周一良、唐长孺、田余庆先生师辈的成果，得到充分的引用，并进行了综合概括，使本文蔚成一体，资料丰富，论证有据。但作者善于继承而又决不盲从，如第14页引赵翼《廿二史札记》时，既承认所言"宗王如居割据之势"这一事实

的概括，又指出："宋武以猜忌起衅，肆虐晋室，虎之所传，流祸于后嗣"的分析，"显然是受佛教因果报应之影响"，是"毫不相干"的，是不符合事实；而正确的结论，应该是"中央与地方的矛盾和刘宋政策"的结果。

作者在继承前辈学者研究成果的基础上，有自己独立的见解，如对刘裕出身"寒门士族"的说法（否定了田余庆先生的说法）；对萧齐初年郡县制遭到破坏原因的解释，以及有关"司直"、"都督"、"府司"、"行事"、"典签"等的详细的分析，都有新的见解。所见使用的资料可信，论证有力。

作者阅读文献细致、认真，如第五章注②（第102页）引房玄龄《晋书·文帝纪》史臣曰时提到："按此事不见于今本《晋书》有关纪传，但房玄龄所云当有所本。《晋书》论赞，常有一些纪传所不载的史事可补纪传之缺"。说明作者读书、治学的态度是严肃认真的。

不足之处有两点：一是作者的文笔有时稍嫌拖沓，如第66页、67页两处重复"都督就利用这一身份上的常侍之权控制其属从的"。二是打印稿，校对很差，错漏字很多，有的地方几乎难于卒读。这些虽属技术问题，但希望修改时加以改正。

第8页提到"汉初的分封，来自秦政权制度的倒退"，此点需再进一步阐明，因为郡县制代替分封制从深层考虑，似乎不能只看着"外戚轻中央和地方关系"的一面；是否也有着新旧制度矛盾的一面呢？

根据以上情况，说明作者作学问是认真的，治学态度是严肃的、科学的。其基本结论正确，且有自己独立的见解，可以达到博士学位答辩。

黄惠贤先生

隋唐史研究室主任教授　　评阅人（签名）黄惠贤

（纸不够用请另加纸）　　1990年12月19日

北京师范大学研究生学位论文学术评议书

论文题目：汉魏晋（刘）宋时期中央地方关系——权力的矛盾和调整

研究生姓名：薛军力　　专业：中国古代史　　入学时间：1987.9

导师姓名：何兹全　　职称：教授　　所在单位：北师大历史系

评阅人姓名：熊铁基　　职称：教授　　所在单位：华中师大历史系

评阅人收到学位论文日期：

评阅说明：

一、该生将于1991年1月下旬日进行毕业论文答辩，请您将审查意见于1991年1月5日以前，用挂号寄回。北京师范大学历史系（所）何兹全先生处

二、在审查时，请参照以下几个方面提出意见：

1．论文写作是否认真，态度是否科学、严肃。

2．对论文质量的评价，主要优缺点、数据、材料收集，结论是否正确，有无新的见解。

3．质询研究生的问题。

4．是否同意研究生进行学位论文答辩。

评阅人审查意见：

论文着重论述了汉魏两晋及南朝刘宋时期地方制度的发展和演变，同时论述了这一时期政治斗争即统治阶级内部斗争对中央与地方关系发展变化的影响，有如下主要优点：

一、按照历史发展的顺序，紧紧围绕中央与地方势力的消长，叙述地方制度的演变，条理清楚，一目了然。

二、简明扼要，文字上实在。一般已研究问题较之

分的问题，如郡县的调整、刺史和郡守的关系等问题，概述得简要明确；对刺史权力的加大与郡守权力的扩大等阐述还不够的问题，又进行了系统地考察和比较分析的论述。

三、有比较有分析，归纳了前后地方制度的不同。

四、既有概述，又有较深入的个案分析（如刺史对之）。

五、善于吸收和利用他人成果。

六、文字通顺流畅。

这一篇较好的学位论文，不但有利于深入理解论文所叙述的一段历史，对于整个中国历史上中央与地方关系发展的研究也有启发意义。

同意进行答辩。

论文尚可斟酌的地方：1. 郡守和刺史之异同似可展开一些；2. 全文可增加一简单结论；3. "元、明两朝"的提法在标题中出现不清晰；4. 七章第三节1.2的分法是否十分妥当。

评阅人（签名）倪铁芸

（纸不够用请另加纸）

1990年12月15日

北京师范大学研究生学位论文学术评议书

论文题目：	汉魏晋（刘）宋时期中央地方关系——权力的矛盾和调整				
研究生姓名：	薛军力	专业：	中国古代史	入学时间：	1987.9
导师姓名：	何兹全	职称：	教授	所在单位：	北师大历史系
评阅人姓名：	简修炜	职称：	教授	所在单位：	华东师大史学所
评阅人收到学位论文日期：					

评阅说明：

一、该生将于1991年1月下旬日进行毕业论文答辩，请您将审查意见于1991年1月5日以前，用挂号寄回。北京师范大学历史系（所）何兹全先生处。

二、在审查时，请参照以下几个方面提出意见：

1．论文写作是否认真，态度是否科学、严肃。

2．对论文质量的评价，主要优缺点、数据、材料收集，结论是否正确，有无新的见解。

3．质询研究生的问题。

4．是否同意研究生进行学位论文答辩。

评阅人审查意见：在古史研究中，政权政策史的研究是比较薄弱的。政权政策史研究的重要性，在于它是政治史的主体。薛军力同学的硕士毕业论文的选题，《汉魏晋（刘）宋时期中央地方关系——权力的矛盾和调整》，抓住了这一重要课题，我以为是颇有学术价值和现实意义的。

封建国家政权的内部结构是多层次的，表现了权力[redacted]的等级性，反映了地方各级政府权力分配的等级性的特征。作者以中央和地方权力关系上的矛盾与调整为题进行探索，从而也就掌握了封建国家政权多层次性的关键。

等级性和多层次的权力结构，充满了集中和分散、制约和反制约的矛盾，造成了地方各级政府在权力上的不断再分配斗争。作者详细剖析了制史、都督的设立和权力性质的演变，阐明了权力不断再分配中的矛盾性，揭示了斗争的实质。

作者在论述中央和地方权力对抗的同时，又辩证地分析了二者之间关系的调节性，而调节的主要方面是以皇权为代表的中央权力，刺史都督的设置及其权力的消长就说明了这一事实。这一理论与史事实结合的分析是有说服力的。

作者的立论，都建立在对汉魏晋（南北）朝时期政治史的总体认识的基础之上，把门阀政治的特点及其演变作为背景来考察中央和地方权力关系上的矛盾与调节。如文中所说："士族政治的特征是主弱臣强，在中央和地方关系上则表现为朝廷无力控制强大的方镇，只要士族政治不变，中央和地方关系这一特征就不会改变。"这是完全正确的看法。

综观全文，说明论文作者在两位导师的指导下，选题得当，论述有理论深度，材料翔实，观点有新意，完全达到了博士论文的水平，是一部有力度的政权史著述。

（纸不够用请另加纸）　　评阅人（签名）简修炜

1990年12月20日

北京师范大学研究生学位论文学术评议书

论文题目：汉魏晋(刘)宋时期中央地方关系——权力的分配和调整

研究生姓名：薛军力　专业：中国古代史　入学时间：1987.9

导师姓名：何兹全　职称：教授　所在单位：北师大历史系

评阅人姓名：刘精诚　职称：副教授　所在单位：华东师大历史系

评阅人收到学位论文日期：1990年12月14日

评阅说明：

一、该生将于1991年1月下旬日进行毕业论文答辩，请您将审查意见于1991年1月5日以前，用挂号寄回。北京师范大学历史系（所）何兹全先生处。

二、在审查时，请参照以下几个方面提出意见：

1．论文写作是否认真，态度是否科学、严肃。

2．对论文质量的评价，主要优缺点、数据、材料收集，结论是否正确，有无新的见解。

3．质询研究生的问题。

4．是否同意研究生进行学位论文答辩。

评阅人审查意见：

在中国长期的封建社会中，政治体制基本上是中央集权的专制制度，中央和地方的关系始终是一个重大的问题，它关系到王朝的治乱兴衰。每个朝代都要根据历史经验和具体实际，研究和处理这一问题，从而构成绚丽丰富的历史画卷，也提供了众多的历史经验。以往的中国政治制度史，多从静止的角度研究中央和地方官制及监察制度等，中国政治史中对这一专题的研究也显得重视不够。论文在前人研究成果的基础上，结合地方制度的演变和重大政治斗争，对汉魏晋宋六百余年中央和地方关系作了比较系统和详细的研究和论述，勾勒出其发展演变的基本线索。具体来说，论文在以下几方面作了新的探索：(一)对汉魏刺史制度的演变作了系统的论述，提出刺史完成地方化在董卓之乱时期，曹魏时期刺史在加强集权、安定地方上起了重要作用。(二)对魏晋宋都督制的演变作了系统论述。指出都督制的建立主要是曹丕为解决地方不稳和防备吴蜀进犯；魏晋间都督制在司马氏加强中央集权和统一上起了重要作用；西晋统一后都督地方化，后来实际上成为州以上的割据政区；东晋都督权力全盛时的种种特点等。(三)论述东晋、宋时期中央和地方关系时，文章更多结合这一时期的政治斗争，如荆扬之争、藩镇形成、刘裕寒门势力兴起、宋皇室内部斗争等。作者从动态和静态结合上来研究政治制度以及中央和地方关系，是一种很好的方法。

总之，论文作者写作态度认真，史料翔实，论点多有根据因而有说服力，能综合已有成果，又不乏创见，同意进行和通过博士学位论文答辩。

评阅人（签名）刘精诚

（纸不够用请另加纸）

1990年12月25日

北京师范大学研究生学位论文学术评议书

论文题目：汉魏晋(刘)宋时期中央地方关系——权力的矛盾和调整

研究生姓名：薛军力　　专业：中国古代史　　入学时间：1987.9

导师姓名：何兹全　　职称：教授　　所在单位：北师大历史系

评阅人姓名：严耀中　　职称：副教授　　所在单位：上海师范大学历史系

评阅人收到学位论文日期：1990.12.12

评阅说明：

一、该生将于1991年1月下旬日进行毕业论文答辩，请您将审查意见于1991年1月5日以前，用挂号寄回。北京师范大学历史系（所）何兹全先生处。

二、在审查时，请参照以下几个方面提出意见：

1．论文写作是否认真，态度是否科学、严肃。

2．对论文质量的评价，主要优缺点、数据、材料收集，结论是否正确，有无新的见解。

3．质询研究生的问题。

4．是否同意研究生进行学位论文答辩。

评阅人审查意见：薛军力《汉魏晋宋时期中央地方关系——权力的矛盾和调整》一文总体地论述了该时期中央与地方的权力关系，具有一定的高度。此文引证广泛，资料翔实，结论基本上能做到恰如其分，可见其治学态度是严肃而科学的。纵观此文，我认为有以下几个特点。

第一，一般论述政治制度史，往往就事论事或仅就社会背景略论之。薛文则紧紧地抓住了政治形势和制度演变的互相关系，或者说注意到了偶然事件与"必然规律"同样在历史上占有举足轻重的地位，从而较好地把握了历史发展的线索。这在作者论述刺史及都督职权的变化中都十分明显。

第二，作者充分重视兵权对行政权力的影响。魏晋南北朝是一个战乱频仍的时代，因此薛文的论述无疑是抓住了当时中央与地方权力关系演变中一个十分重要的动因。

第三，薛文也注意到了士族在中央与地方关系中的作用。如作者认为东晋后期京口对朝廷的影响凌驾于荆州之上是由于与"京口、广陵一带最有势力的是寒门士族这一事实的出现联系在一起的。(P114)" 虽然描述和分析士族与权力关系的著作甚多，但以薛文的角度来论述的仍不多见。如果能在此作进一步的探索，也是很有意思的。

然而中央与地方的关系应该是多方面的，如在税收、司法等方面的关系也是中央与地方权力分割上不可或缺的部份。另外在东晋到宋时，三吴地区诸郡与朝廷关系似乎跟荆、兖等地区别颇大，不对这些予以充分注意难免会使人感到一种欠缺。

总的来说，我认为《汉魏晋(到)宋时期中央地方关系——权力的矛盾和调整》一文是具有博士论文水平的，是可以进行答辩的。

评阅人（签名）蒋福亚

（纸不够用请另加纸）

1998 年 1 月 2 日

北京师范大学研究生学位论文学术评议书

论文题目：汉魏晋(刘)宋时期中央地方关系——权力的分配和调整

研究生姓名：薛军力　　专业：中国古代史　　入学时间：1987.9

导师姓名：何兹全　　职称：教授　　所在单位：北师大历史系

评阅人姓名：万绳楠　　职称：教授　　所在单位：安徽师大历史系

评阅人收到学位论文日期：

评阅说明：

一、该生将于1991年　1　月下旬　日进行毕业论文答辩，请您将审查意见于1991年　1　月　5　日以前，用挂号寄回。北京师范大学　历史　系（所）何兹全先生处。

二、在审查时，请参照以下几个方面提出意见：

1．论文写作是否认真，态度是否科学、严肃。

2．对论文质量的评价，主要优缺点、数据、材料收集，结论是否正确，有无新的见解。

3．质询研究生的问题。

4．是否同意研究生进行学位论文答辩。

评阅人审查意见：本文有不少卓见，如：“地方权力太大容易产生分裂，中央权力过于集中，地方治民效率就低。”“分封制在一定程度上是人心所向”，“对于恢复经济有积极作用”。“皇权的统治主要依赖对政权、军权、财政的控制”，而这“只能通过皇帝对官僚机构即对每一级官员的控制才能达到”。任免权是“国之柄”。本文详细论证了自汉至刘宋中央与地方权力的斗争、消长过程。“……是在君主专制下，趋势总是中央集权占优势突出。

本文对刺史初设的看法：“在加强朝廷对郡守控制的同时，也限制了它不得过多干预地方权力”；对都督在魏晋时期迅速团中央集权与统一的作用，八王之乱中都督地方化，东晋都督权力达到全盛时期的论证，都是正确的。我感到在论述西晋时期中央与地方关系时，宜将晋武帝罢州郡兵写入。在论及荆扬对立时，本文谈到"分陕"起自王导，此为前人未曾注意的一个问题。但分陕而治应为同姓，故有文章论及分陕而治，就同姓来说，应起自宋文帝以刘义宣为荆州刺史。文章未谈及。

本文从士族与寒门、地方权力与中央权力的升降，论荆州兵与北府兵二集团的消长，很精彩。最后似应加一个小结，即在君主专制制度下，无法解决中央与地方的矛盾。这个时候中央集权加强了，那个时候，地方藩镇又坐大了。本文提到"在中国历史上，从动乱走向安定，也就是一个强大的皇权出现的过程"，但应回到前面所论："中央权力过于集中，地方治民效率就低，同样会影响到皇朝统治的稳定"。这样就较全面了。

总起来看，论文写作是认真的，严肃的，材料详实，结论正确，有新见解。同意研究生薛军力进行博士学位论文答辩。在质询上，我提两个问题：(1)为什么我国封建王朝一直存在中央集权与地方分权之争而不能解决？(2)如何从历史趋势来看待中央与地方权力之争？

评阅人（签名）万绳楠

（纸不够用请另加纸）　　1990年12月28日

北京师范大学研究生学位论文学术评议书

论文题目：汉魏晋(刘)宋时期中央地方关系——权力的矛盾与调整

研究生姓名：薛军力　专业：中国古代史　入学时间：1987.9.

导师姓名：何兹全教授　职称：　所在单位：北师大历史系

评阅人姓名：安作璋　职称：教授　所在单位：山东师范大学

评阅人收到学位论文日期：

评阅说明：

一、该生将于19 91年 1 月下旬 日进行毕业论文答辩，请您将审查意见于19 91年 1 月 5 日以前，用挂号寄回。北京师范大学 历史 系(所) 何兹全先生处。

二、在审查时，请参照以下几个方面提出意见：

1．论文写作是否认真，态度是否科学、严肃。

2．对论文质量的评价，主要优缺点、数据、材料收集，结论是否正确，有无新的见解。

3．质询研究生的问题。

4．是否同意研究生进行学位论文答辩。

评阅人审查意见：

关于中国政治史与政治制度史，前人多有论述。薛军力同志的《汉魏晋(刘)宋时期中央地方关系——权力的矛盾和调整》一文，在前人研究成果的基础上，从中央与地方权力的矛盾和调整这一角度着眼，从静态和动态的结合上着手，去探讨这一历史时期的中央和地方官制及其相互关系的发展演变，可以说在这个领域开辟了一条新的研究途径。

文中重点论述了西汉刺史制、魏晋都督制以及对宋的行事制、典签制的产生背景、职权演变、历史作用以及地方制度化，具体地阐明了中央和地方的关系，特别是注意了统治集团阶级内部不同政治集团的高门士族和寒门士族势力的升降以及皇权的消长，对中央和地方关系变化的影响，这些都是颇有见地的。本文收集资料相当丰富，结构完整，脉络清楚，论证周密，是一篇很好的博士论文。这说明作者不仅具有深厚的历史知识和理论基础，而且治学态度严肃认真，达到了博士研究生毕业应具有的学术水平。

这个时期，是中国历史上阶级斗争和民族斗争极为错综复杂的时期，对中央集权和地方分权制度的演变及其相互关系，均有重要的影响，在统治集团内部的矛盾斗争中也有明显的反映。本文在这方面似可进一步展开论述。

同意进行学位论文答辩，并建议授予博士学位。

评阅人（签名）

1990.12.11

（纸不够用请另加纸）

北京师范大学研究生学位论文学术评议书

论文题目：汉魏晋(刘)宋时期中央地方关系——权力的矛盾和调整

研究生姓名：薛军力　　专业：中国古代史　　入学时间：1987.9

导师姓名：何兹全　　职称：教授　　所在单位：北师大历史系

评阅人姓名：高敏　　职称：教授　　所在单位：郑州大学

评阅人收到学位论文日期：

评阅说明：

一、该生将于1991年1月下旬进行毕业论文答辩，请您将审查意见于1991年1月5日以前，用挂号寄回。北京师范大学历史系(所)何兹全先生处。

二、在审查时，请参照以下几个方面提出意见：

1．论文写作是否认真，态度是否科学、严肃。

2．对论文质量的评价，主要优缺点、数据、材料收集，结论是否正确，有无新的见解。

3．质询研究生的问题。

4．是否同意研究生进行学位论文答辩。

评阅人审查意见：

薛军力同志的博士生毕业论文，题为《汉魏晋宋时期中央地方关系——权力的矛盾和调整》，约10万字左右。该文在综合前辈学者对汉魏晋南北朝官制史、兵制史等精深研究的基础上，从宏观角度探讨汉魏晋宋几百年间中央与地方关系调整问题的各[illegible]发展、演变过程与变化原因，尤其对[illegible]问题作了较为详细的论述，虽个别论述还有可商榷之处，但就整体而言，脉络清楚，立论新颖，对[illegible]问题作了分析论证，有些是前辈学者之所未发，是在前辈学者基础上有所前进，具有一定的历史借鉴作用，特其中关于汉代监察体制的部刺史的演变到州刺史地方机构的重大制度变迁过程，关于尚书省从侍臣到尚书令设立的重要变化和尚书台机构的演化和变化，均分别阐明了秦汉官制、军制演变引以成为南北朝国、隋唐的具体情况及其演变化的作用和意义的原因，等，论述深刻精辟，不愧为第一篇有价值的好文章，达到了博士生毕业论文的水平，同意该生通过学位论文答辩，同意毕业，并建议授予他博士学位。希望作者在修改后将这篇博士毕业论文予以正式发表，我在此提一点个人性意见：①有关周秦汉代方面关于宰相的机构中，建议应当考证古代变化，即刺史、都督之，也应当重视其方面的变化，如中三公九卿之政体演变与南朝的典签制，应当引起重视，从文章仅一带而过，稍嫌简单；②引用问题，由于所引部分典籍或考证文详，另引之刺史的“行政权民权”一书，文中之刺史主要是由自称之、州之政“监察制”的书事；③论三国部分章节要精炼，对相关的内容与之刺，尚无明白之比较考证；④引文及某人的注释中的不少，宜加核对；⑤句读也有疏漏处。不过，瑕不掩瑜，并无失误之处，尤其是精到，不失为一篇优秀的博士生毕业论文的典范标准。

评阅人（签名）高敏

（纸不够用请另加纸）

1991年元月2日

69

北京师范大学研究生学位论文学术评议书

论文题目：汉魏晋(刘)宋时期中央地方关系——权力的矛盾和调整

研究生姓名：薛军力　　专业：中国古代史　　入学时间：1987.9

导师姓名：何兹全　　职称：教授　　所在单位：北师大历史系

评阅人姓名：朱绍侯　　职称：教授　　所在单位：河南大学

评阅人收到学位论文日期：1990年12月5日

评阅说明：

一、该生将于1991年1月下旬日进行毕业论文答辩，请您将审查意见于1991年1月5日以前，用挂号寄回。北京师范大学历史系(所)何兹全先生处。

二、在审查时，请参照以下几个方面提出意见：

1．论文写作是否认真，态度是否科学、严肃。

2．对论文质量的评价，主要优缺点、数据、材料收集，结论是否正确，有无新的见解。

3．质询研究生的问题。

4．是否同意研究生进行学位论文答辩。

评阅人审查意见：

本文详细而深入地研究了汉魏晋(刘)宋时期刺史制度、都督制度建立、发展、演变的情况，探讨了这一时期刺史、都督制度怎样由中央控制地方的监察、军事机构演变为地方割据势力的工具。其中对于晋去州郡兵与都督军事力量加强联系起来；东晋地方势力膨胀与士族控制都督大权联系起来；刘宋皇权重振与对都督的控制加强联系起来，都抓住了问题的实质，颇有新意。

44

中央与地方的关系，是中国封建社会历代统治者所重视的问题之一。本文从刺史、督都制入手研究中央与地方的关系，抓住了汉魏晋至南宋政治史研究中的关键问题，从这个角度讲，本文选题很有意义。

从论文的总体看，结构严[谨]，资料丰富，言之有据，结论正确，层次清楚，有较强的逻辑性，说明作者的写作态度认真，立论严肃、科学，由此可见，本文已达到博士论文应有水平，同意参加答辩。

问题：本文认为刺史制度性质的根本改变是在汉魏之际，即在刘焉建议刺史改州牧之后，是否晚了一些。对于刺史地方化如果从刺史有治所时开始考虑，是否更接近于历史实际？

（文稿由打印的失误，错字较多，甚至连所引之中也有失误，建议作者在答辩前认真校对一下，对引文也有必要再核对一次，以免因打印、校对的失误，影响论文的质量。）

评阅人（签名）

（纸不够用请另加纸）

1990 年 12 月

北京师范大学研究生学位论文学术评议书

论文题目：汉魏晋（刘）宋时期中央地方关系——权力的矛盾和调整

研究生姓名：薛军力　　专业：中国古代史　　入学时间：1987.9

导师姓名：何兹全　　职称：教授　　所在单位：北师大历史系

评阅人姓名：李光霁　　职称：教授　　所在单位：天津师大历史系

评阅人收到学位论文日期：

评阅说明：

一、该生将于19 91年 1 月 下旬 日进行毕业论文答辩，请您将审查意见于19 91 年 1 月 5 日以前，用挂号寄回。北京师范大学 历史 系（所）何兹全先生处。

二、在审查时，请参照以下几个方面提出意见：

1. 论文写作是否认真，态度是否科学、严肃。

2. 对论文质量的评价，主要优缺点，数据、材料收集，结论是否正确，有无新的见解。

3. 质询研究生的问题。

4. 是否同意研究生进行学位论文答辩。

评阅人审查意见：

本文作者写作态度严肃认真，思路周密，论点与论据紧密结合，科学性强。

本文的选题恰当。中央与地方的关系，是汉魏晋宋时期政治史中的一个重要研究课题，前人论著虽多涉及，但少有系统专著。本文不但系统地研究了这一问题，并且作了科学的说明，有些纠正前人之说，填补了这一学术空白，很有价值。

绪言中所提出的两个研究重点，地方争权的发展和演变、政治斗争对中央地方关系的影响，已经清楚地解决，论证得逻辑严密而且前后照应，是很成功的。

这篇博士论文有如下一些特色：

一、严格按照历史发展顺序，论述与分析重大问题，体现了历史学的特点。

二、对刺史制、都督制的演变做具体分析，通过职权的变化，权力的大小，说明这种制度的历史作用。修正了作者的错误论点，指出了一般论著多持宗室观点的片面性；对刺史制、都督制的地方化做了全面的论述和分析。

三、这篇论文最突出的优点是对东晋门阀政治，由地方政权到宗室专权的演变过程做了全面具体的论述和分析，材料丰富，论证充分。中央与地方，荆扬之争，宗室、门阀士族、寒门，诸种势力与斗争，和力量的消长、成败，都可以从本文中找到详细论述与的说明。东晋门阀士族盛衰的原因与皇权的得失，本文作了透彻的分析和说明。

本文结论正确，有说服力，思路也很清楚，反映作者学术上已经成熟。

同意进行学位论文答辩。

评阅人（签名）

（纸不够用请另加纸）

1990年12月25日

后　记

这本书成稿于1990年10月，是我的博士学位论文，距今已过了30多年。30多年前的稿子还有一些学术价值，这让我回忆起那些年的求学经历。

我是1966年初中毕业，属于老三届[①]的学生。“文化大革命”爆发以后，我们在学校正常学习的路，完全被阻断了。1968年开始，我和上千万中学生一样成为“知识青年”，到农村插队落户。

人生在十五六岁到二十多岁，是记忆力、学习能力和理解力发展的最好时期。但是我们这一代人，在这个人生的阶段却是无法读书甚至无书可读。这对我们人生后来的发展带来了很大的影响。

由于我是在牧区插队，与在农区生活的人“日出而作，日落而息”终日忙于农活不太一样，牧民还是有一些闲暇时间。比如放羊的时候，天气好的话，你可以坐在一处看书，待羊群走远后再起来跟上。两个人放一群羊，轮换着出牧。不出牧的时候除做饭外也还有一些空闲时间。这样，在插队时候我这样一个初中生也开始自学

① 指1966年时初中一、二、三年级和高中一、二、三年级的学生。

一些书籍，当时能找到的书主要还是马列的著作。

对于我来说，初中文化的水平，读这些书，尤其是马列的书，恐怕连囫囵吞枣都算不上，能了解的只是一些字句和结论，没有老师的指导，没有其他资料可查询，仅靠自学是难于读懂的。但也使我渐渐养成了读书的习惯。

1974—1977 年，我成为工农兵大学生，进入天津师范学院（后改为天津师范大学）历史专业学习。这三年还处在“文化大革命”时期。对学生来说，当时最重要的不是学习知识，而是要参加（停课）“大批判”，写大批判文章。这种大批判的文章按照当时文件规定的范围和口径，比如批判“资产阶级反动路线”“批林（彪）批孔（子）”“反击右倾翻案风”等等。如果从思维能力和写作训练来说，这种大批判文章不但不能训练写作能力，反而束缚了我们的思考和表达能力。

除此之外，逢秋收夏种，还要下乡去参加劳动，又赶上 1976 年的唐山大地震影响等等，实际三年上课时间大概都不到一半。大学培养的应是有系统知识和经过科学学术训练的人，而我们当时，学习的知识是支离破碎，学术的训练更是无从说起。这三年的学习实际上是夹生饭。

1977 年毕业后我被留在学校工作。这时“文化大革命”已经结束，各项工作开始走向正轨。经过“拨乱反正”，重视学术研究、重视人才培养成为大学的中心工作。这也促使我认识到自己的初中文化、夹生大学的那点水平在大学里工作、教书实在无法胜任。下决心一定抓紧时间好好地补习自己的文化知识、提高理论和学术水平。

1977 年高考制度的恢复，带给我新的学习机会。1978 年，研究生开始招生。在确认第二年还要招生，我就下定决心，一定要参加考试。于是就搜集了当时招收研究生的大学名单，仔细研究准备报考哪所大学。

在留校工作时，系里将我分配到中国古代史教研室。但是报考研究生还要具体分断代或专门史，如先秦、秦汉、隋唐、经济史、民族史等等。那时忽然对魏晋南北朝的历史产生了兴趣①，就找来有关魏晋南北朝的断代史、专著、论文来读，其中也包括后来成为我研究生导师何兹全先生的著作。记得那时为准备研究生考试，我几乎将所有的时间都用于学习，在最后的几个月时间，除了吃饭、睡觉几乎全部时间用于备考。由于白天读书紧张，夜里常常醒来。不管几点，我都拿起书来读上几段，生活规律完全打破，以致多年不犯的美尼尔氏症都发作了。我只好调整自己的学习作息时间，身体才慢慢得到恢复。

那时的研究生考试没有参考书，更没有以往试卷内容可供参考，完全凭借自己理解来应对考试。记得我当时准备大体分为两个部分：中国通史部分主要是古代史，将重要的历史事件弄清，记住事件、地点、人物，大体发生的过程和影响。而五六十年代在史学界影响最大的中国历史研究的“五朵金花”②，就花费了很多的时间和精力去阅读文献和理解；魏晋南北朝史的重点是掌握历史发展的脉络，其中包括重要历史事件前因后果、评价和研究成果（特别注意何兹全先生的研究）等等。当时读书笔记就记了好几本。

---

① 当时我读了唐长孺先生的《晋书·赵至传》（载《魏晋南北朝史论丛》，生活·读书·新知三联书店1955年版）的文章，唐先生对士家的分析深入细致、对赵至“佯狂”的妙解让我印象深刻，引起了我学习魏晋史的兴趣。

② 所谓历史研究的“五朵金花”是指：中国古代史分期问题，中国资本主义萌芽问题，中国封建社会农民战争问题，中国封建土地所有制问题，汉民族形成问题。那一段时间，这些问题吸引了大量学者参与讨论，发表大量文章。对此问题近年来的研究可参见：蒋海升《“西方话语”与“中国历史”的张力》，山东大学博士学位论文，2006年。

1979年，研究生入学考试时间（具体时间记不清了，大概是七、八月间），我走进了考场。当时能够报名参加研究生考试的人不是很多，与后来动辄百万人参加考试更不能比。可能当时很多人并没有觉得参加研究生考试有多么大意义，当然也有人对这个考试感到有些高不可攀。我属于意识到自己的职业压力，必须走这一步而进入考场。

当试卷发下来的时候，才看到试卷是蜡版刻写油印的。专业试卷是几道大题，每道题20—30分。考试时，我全神贯注，将自己准备和理解的内容根据考题要求尽量写入试卷。走出考场感觉自己的答题虽不圆满，但还不至离题太远。政治和外语的考试几乎没有印象了，只是觉得外语考试能否过及格线是相当没有把握。

一个多月以后，我收到了北师大录取通知书。那时候考上研究生的人数还是很少的，家人和朋友都为我高兴。我自己也暗暗下定决心一定珍惜这个学习的机会。1979年秋天，我的人生揭开了新的一页。这一年我30岁。古人说，“三十而立”，是指这个年龄段的人来说，已经有了比较明确的事业方向，并能有所成就。无论是我们的老师辈，还是恢复高考以后的年轻人来说，他们的这个年龄前后，已经能在学术研究中显露头角。而对我来说，却是在这个年龄段刚刚学习进入学术研究，晚了整整十年。

这一年，与我一起被录取的师兄陈琳国是“文化大革命”前的大学生。而前一届何先生招收的研究生曹文柱和周兆望两位师兄也是“文化大革命”前即进入大学学习，他们的学术积累已有相当的水准。环顾四周，我这样的知识水平竟能与他们“同科”！承何先生不弃，才得忝列门墙，实属我人生之莫大幸运！

当时招收研究生制度刚刚恢复，如何开课多是导师自己决定。

在我们入学的第一学期，何先生决定让我们读《资治通鉴》。第一次上课时，何先生布置我们从《通鉴》东汉末年部分读起，到隋统一结束；当然，能够多读更好。何先生还要求，每次读若干章，有什么问题提出来，每隔两周我们讨论。就这样，我们开始了研究生的学习。这种学习方式是我第一次经历。以前都是老师在课堂上讲，我们记笔记，然后再将一些问题的答案记住，参加考试，答对了就得高分。这种完全靠自己在阅读中找问题，再去向先生请教、讨论，在我的学习经历中从来没有过。对我来说，两周之内将何先生布置的几章《通鉴》有关内容字句概念能够读懂理解已经相当不错了，遑论提出问题。最开始我只能跟着陈琳国师兄走。何先生见我提不出问题，有时就《通鉴》某一段史料记载谈起，联系这个记载所引起的重要事件或人物，提醒我们阅读史籍时应该认真仔细，多加思考，从而发现问题……何先生还讲到朱熹的读书经验，朱子说：读书，始读无疑，其次渐渐有疑，再次节节是疑，过了这一番，疑渐渐释，方始是读。以启发我们思考。

翻检当时的课堂记录，有何先生讲到如何分析史料的一个例子。《通鉴》记载张角遣弟子周行四方，“十余年间，徒众数十万，自青、徐，幽、冀、荆、扬、兖、豫八州之人，莫不毕应。或弃卖财产，流移奔赴，填塞道路”。（卷五十八灵帝光和六年）何先生指出，结合其他史料，汉末黄巾军的基础是流民。了解这一点才能正确理解“大方马元义等先收荆、扬数万人，期会发于邺”。（同上）马元义应该是收荆、扬的流民（不能距离邺城很远），而不能理解为他能调动荆、扬数万人到邺城。何先生根据这些史料提示我们，读书看史料一定弄清楚史书记载的真实情况，以及史料之间的关联。

何先生还强调，看《通鉴》不仅看正文，还要注意胡三省的注释。因为“胡注”可以加强对正文的理解，会给我们以启发。

有时课程讨论之余，何先生还与我们讲起傅斯年、陈寅恪等老一辈学者教学和学术研究的情况和特点。何先生说，傅斯年先生讲课，给人最大的印象是他的博学强记。讲到某些问题，傅先生就背起史书某个部分，然后把这条史料写在黑板上，学生惊叹之余不能不用功读书。对陈寅恪先生的学术研究，何先生讲，陈先生能将一些看起来毫无关联的材料放在一起考察，将其背后的联系揭示出来，阐明历史的真相和脉络，这最让人钦佩。这些都让我们感受到看书要认真思考、提出问题应该向这样的高度一步步努力。就这样，我读《通鉴》，从最初的一脸茫然，到逐步受到一些启发，也开始提出问题了。当然，开始提的问题很浅显，慢慢地也有所提高。

虽然读《通鉴》只有一个学期，但对我的影响还是非常大。首先，在何先生的指导下读书，让我们领会了应该怎样阅读史籍和提出问题；其次，在做魏晋南北朝史研究时，特别是政治史研究，一定要把正史的记载和《通鉴》[①] 的记载进行比对，这会让人发现问题，深入思考。在我的博士论文中，有些重要的、带有新意的结论，靠的是《通鉴》里的资料对正史的补充和勘正。回想起来，何先生指导我们读《通鉴》，是培养和训练我们的史学研究能力，[②] 对我后

① 陈寅恪先生认为：“吾国旧史多属于政治史类，而《资治通鉴》一书，尤为空前杰作。”载《唐代政治史述论稿·自序》，上海古籍出版社1982年版。

② 史学家唐德刚曾自诩是“读《通鉴》起家”而走上治学道路。唐德刚先生列举他当年老师辈的文史教授，如胡小石、金静安、顾颉刚、贺昌群、郭廷以、沈刚伯，甚至胡适也是读《通鉴》，进行“历史训练”的。唐德刚认为《通鉴》是“诸史之门，百家之根”，“今人欲治文史，必自读《通鉴》始”。见唐德刚《〈通鉴〉与我》，载《史学与红学》，中国文史出版社2019年版。

来能够在学术上有所进步起到了重要的作用。

20世纪80年代，是很多中国人，尤其青年人疯狂读书的时代。北师大那时的研究生宿舍都要住5个人，本科生就更多了。所以宿舍里无法读书。每个人都有一个装满书的书包，起床洗漱后背着书包先去食堂，然后就到图书馆或找没有上课的教室去学习。同宿舍的人彼此之间只能午餐后或晚上睡觉前有时间聊上几句，基本都是各自读书，做自己的学问。我也沉浸在这样的环境中，读什么书，怎么读，除了何先生布置的，都是自己安排（二十四史中涉及魏晋南北朝的《后汉书》《三国志》《晋书》《魏书》《南史》《北史》等……都有所涉猎）①。那段时间历史系还安排了很多讲座、课程，请中国社科院历史所、北京大学、中央民族大学、人民大学等校的学者主讲。一些过去只能在杂志上、书籍上看到的名字，能够近距离地聆听他们的讲课，真是一种知识和学术上的大餐。不仅本校的学术讲座可以自由去听，外校有什么好的讲座也可以去“蹭”。这些讲座让我获益匪浅。

读书的生活让人感到十分惬意，两年的时间一晃就过去了。虽然也有不少的收获，但如何确定学位论文的选题、完成论文对我还是有很大的压力。魏晋南北朝史对我来说，学习的时间很短，很多知识处在一般常识阶段，尚没有能力深入思考其中的一些问题，更谈不上寻找尚未有人涉及、有新意的问题。何先生经常告诫我们，研究历史应该有“新意”，即创造性地提出问题并给予解答。在我们

① 在读研究生不久，何先生就问起我过去读书的情况。听我说完之后，何先生嘱我多读史书（当时我一部正史都没完整读过），还要读史学著作，了解人家怎样提出问题，解决问题。我按何先生的要求做了，尽管做得不够好，但还是为以后学术研究打下基础。

刚刚进入二年级[①]的时候，何先生就告诉我们要早早将论文题目定下，这样会多一些斟酌修改的时间，使论文的质量高一些，并希望我们自己能提出研究题目并完成学位论文。在研究生第二学年即将过去的时候，周围的同学多已完成论文草稿甚至定稿了，我的学位论文题目还没有明确下来，这让我有些焦虑不安。第二学年快结束的时候，何先生看到我还没有定下论文的选题，就与我商量是不是帮助我选择一个论文题目。我当时想，如果接受何先生的建议，会轻松许多；然而我自己选题并完成论文，是一次完整的学术研究的训练，对于自己今后从事学术研究会有帮助。于是我向何先生表示，自己已有点想法，但还不成熟。先生听后鼓励我：这样好！并嘱我抓紧时间尽快确定题目。

我的论文题目最后定为写东晋初年南北士族之间的矛盾这样一个问题。回顾当时的情况，这个题目的形成是受到多位史学前辈文章的启发。

1980 年代，陈寅恪先生的著作不断地得到新印或重印。陈先生的著作成了许多人热捧的书，我也不例外。他的一些重要文章或著作我读了好几遍。一方面感觉可以学习陈先生研究方法，另一方面也希望从中得到启发完成硕士论文的选题。当然，就我当时的水平怎能学到陈先生的研究方法！但是多读陈先生的文章也会受到一点影响。[②]

---

① 当时硕士研究生的学制是三年。

② 陈寅恪先生的文章中有一种风格是先提出一两条史料，然后根据史料提出问题，再加以分析论述。如《述东晋王导之功业》《〈魏书·司马叡传〉江东民族条释证及推论》等。（载《金明馆丛稿初编》，上海古籍出版社 1980 年版）我也模仿这种写法写过文章。（见《试述东晋徐兖地方势力》，载《北京师范大学学报》1991 年第 2 期）文章的水平当然不能和陈先生相比，只表达自己“虽不能至，心向往之”的愿望。

陈先生在《述东晋王导之功业》的文章里讲到王导在东晋初年南北士族的尖锐矛盾中弥合双方对立、稳定东晋政权发挥了重要作用。此后周一良、何兹全、王仲荦、田余庆诸位先生都从不同角度谈及东晋初年南北士族之间的矛盾。

由于受到前辈学者的启发，我阅读相关的史料后，曾摘记了一些卡片（当时在学习中摘记史料、论文观点写成卡片的学习方式很普遍。对熟悉史料、思考问题很有帮助），并作了一些札记，逐渐感觉到东晋元、明、成三帝时期，存在南北士族或明或暗的斗争，认识到应可以作为论文的选题。当我将这一想法与何先生汇报时，何先生听后肯定了我的想法，让我尽快拟出提纲写出初稿，并嘱我对《晋书》等相关的资料一定要认真仔细阅读。

就这样，经过一段时间的努力，我拿出了论文的初稿（时间在1981年12月中旬，已经接近第三学年的上学期期末），大约一个多星期后何先生将他批改的初稿交给我。当时我的初稿有60多页的稿纸（一页500字），何先生几乎每一页都有批改（有的一页多处修改），内容不仅是段落划分、字词增删、引文脱漏等细节予以标出，特别是在那些语意不清、逻辑欠妥的段落何先生不但用"？"标出，有的直接写上数十字或更多，告诉我应该如何表述……；何先生还在一张八开大的稿纸上写满了论文如何修改的意见：从论文的标题到章、节内容如何调整，还指出我论文写作中的问题："注意语法、句子完整，文理通顺，文章内容层次、逻辑性、前后照应。"何先生还要求我文章修改要注意围绕中心，避免枝蔓。从何先生的这些批语可以看出我当时的研究能力、写作能力等方面的水平还是比较差！

在接下来的几个月我努力按照何先生的意见对论文进行修改

（二稿完成后何先生再次批改），最终完稿并提交答辩委员会。答辩委员会如何讨论的，我不知情；虽然获得通过①，但是我自己心里清楚，论文的水平也就是勉强够格。然而，何先生在这个过程对我的指导，让我看到自己的写作和研究能力的差距，下决心今后要多加努力。

1982 年我从北师大毕业后回到了天津师范大学工作。此后五年，我除了过教学关，也发表过论文，大部分还是自己抓紧时间多读书。

1987 年我再次考入北师大跟随何兹全先生攻读博士学位。和几年前相比，情况有了明显的变化。首先，自己对于攻读学位的事情不像几年前那样茫然，明白自己应该怎样做才行；其次，几年的时间，研究生群体已经发生很大的变化。我读硕士研究生的时候，那年我三十岁，在研究生中属于年龄比较小的，被周围同学称为“小薛”；而开始读博士的时候，我已成为“老薛”。当时的硕士生已经是 20 多岁占多数，博士生则多是 30 岁上下，而我已 40 岁，曾一度成为北师大全日制②博士生年龄最大、名副其实的“老童生”。

---

① 我的硕士论文题目是《东晋初期政治斗争中南北士族的分合》，全文 3 万余字。主要内容分为六个部分：一、司马睿、王导对江东士族的拉拢；二、司马睿、王敦与南士；三、司马绍与南士；四、平定苏峻之乱的南士；五、纪瞻与郗鉴；六、郗鉴稳定东晋政局的重要作用。《晋书》有郗鉴以徐兖刺史的实力阻止了上游荆州刺史陶侃和庾亮两度欲兴兵的记载，这对于东晋局势的稳定有重要作用。但是分析郗鉴这样做的动机时则认为郗鉴在南北政权对抗的局面下，他在北方抗击胡族铁骑时有气节“对南北人民希望东晋安定的要求有所体察”（见该论文油印本 44 页）。现在看来这种推论缺乏史料依据，显得不够严谨。类似这样的情况论文中还有几处，说明自己当时的治学能力还有待提高。陈琳国师兄告诉我，他担任我的博士论文答辩委员会秘书时，答辩结束后，一位曾参加过我的硕士论文答辩的专家，对他说，薛军力这次“爆发”了，意即当年的硕士论文质量还是差一些。

② 当时研究生还有在职、委托培养等方式。

再次进入北师大，研究生的生活环境已经大有改善。研究生有了专门的宿舍楼。博士生两人一间，硕士生是四人一间，每层楼的尽头还有一间公共房间，可以供研究生们上自习、讨论问题等。博士研究生学习读书完全可以不出自己的房间，方便了许多。图书馆的面积也扩大了不少，一些阅览室允许读者进入书架找书，方便借阅，读书的环境改善了许多。

那时学术交流比之前几年活跃的多。何先生在那几年期间受邀到中国台湾、美国等地讲学，他给我们讲起海外学术研究新趋势和特点，希望我们也能从中得到启发。何先生在北师大历史系主持魏晋南北朝研究室的工作。研究室有一项重要的学术活动是每隔一段时间，由一位教师（包括何先生在内）将研究成果在研究室成员参加的会议上做学术报告，然后大家进行讨论和评议。何先生将我们博士生也纳入这项活动中，这个活动是我参加过最为专业的学术活动。大家研究方向多相同，无论是作报告还是听讲的，总能引起一些共鸣，从而受到启发。

有一件事让我终生难忘。1988 年末，研究室的活动轮到我报告研究成果。我以《东晋徐兖地方势力》① 为题，讲述了徐兖刺史郗鉴在东晋政治中的重要作用以及徐兖地方势力对东晋政局的影响。这个问题我在硕士论文写作期间就有所认识，但限于当时的水平还无法提出自己比较成熟的看法。经过几年的思考才得出当时的认识。报告完毕，何先生与在座的人针对我的报告提出了一些问题，对于我继续深入修改很有助益。

---

① 文章修改后以《试述东晋徐兖地方势力》发表在《北京师范大学学报》1991 年第 2 期上。

当时参加活动还有一位名叫安迪的美国留学生，他经常跑到北大听课。我请他将文章送给北大历史系田余庆先生看，希望能听听田先生对这篇稿子的意见。没想到，田先生将他的未刊稿《北府兵始末》拿来供我参考。田先生这种无私的、提携后辈的宽广胸怀，让我格外感动，于今难忘。虽然《东晋徐兖地方势力》与《北府兵始末》在一些具体问题的结论上有相同之处，但田先生对北府兵整个问题总体把握上高屋建瓴，在具体问题上耙梳钩沉，使隐而不现的史实浮现出来，其造诣，让人钦佩不已。

后来我送还《北府兵始末》稿件的时候，就学术研究上的一些问题当面请教了田余庆先生。讲到治学，田先生强调，写文章一定要有深度、要有新意，一定要博采众长和长于思考。他总结自己治学体会，认为有时需要“慢”。有些问题虽然看出来了，但当时思想认识和功力达不到解决这个问题时，就宁可放一放，待思想成熟一点再动手。他还举例说，不久前发表的“青徐豪霸”问题[①]，最早的构思是在1959年，当时搞了一下，就放下了。“文化大革命”结束后再捡起，一步一步将这个问题推导出来了。这种治学的态度，使我深受教益。

那一年何先生共招收了三名博士。公共课时我们一起上课，专业上有问题都是个人找导师，大部分时间是自己支配。我自己下决心一定珍惜这几年的读书时间。

那时北师大博士生指导教师还要配备一位副导师。我们的副导师是黎虎教授。黎虎教授毕业于北师大历史系，是当时非常勤奋努力并很有成就的中青年教师。记得80年代初我们读硕士期间，何先

---

① 田余庆：《汉魏之际的青徐豪霸问题》，载《历史研究》1988年第3期。

生给系里的本科生开讲座，黎虎老师和我们一样坐在学生中间，其间黎老师还站起来回答何先生的提问，那种认真学习态度给我印象十分深刻。我曾就论文写作问题向黎虎老师请教的时候，黎老师对我讲，学习、论文的事情你就多向何先生请教就好，我这里难提出什么意见。黎虎老师讲得十分真诚，让我理解了他的想法。最后黎虎教授还是作为答辩专家参加了我的毕业论文答辩（那时好像还没有回避制度）。

我们当时的学制是三年。在第一学期开学不久，何先生就提醒我们抓紧时间定下选题，做好论文。那时的文科博士论文一般都要在十几万字以上，以致二、三十万字。从初稿、二稿……要经反复多次修改才能定稿，实际上是两三年的时间要写出一部专著。陈琳国师兄的博士论文就有20余万字①。

学位论文要达到那样程度，应该有一个涉及能够容纳诸多讨论问题的选题，不然哪有那么多话说。因我硕士论文是政治史方面的，后来读书也多关注政治史，所以博士论文选题感觉还是以政治史为好。当时我自己还找不到这样的选题。没有捷径，只能自己读书，累积学识。有时突然想到一个问题，就跑到师大图书馆甚至北京图书馆去翻阅文献，连续数日或几周。经过数度尝试后，也没有找到②。那种茫然无头绪心境，真有“昨夜西风凋碧树，独上高楼，望断天涯路”的感觉。

---

① 1987年师兄陈琳国博士已毕业，而且成为北师大历史系教授队伍中的一员。我入学后，何先生嘱他：“要多帮助军力。”他转达何先生此意，我听后十分感动。读博士三年多时间，我常就读书或论文写作的问题向他请教，获益匪浅。他的博士论文《魏晋南北朝政治制度研究》成为我写作博士论文最重要的参考书之一。

② 一些前辈学者在论述问题时会顺便提到某个重要问题，限于讨论主旨，姑置不论等等。我当时希望能从这里得到启发。回想起来，这是自己学力不逮的表现。

就在我处于茫然无措的时候，一次在校园里见到了师母郭良玉女士。何师母是受过五四新文化的洗礼，独立、自信。她对年轻人极为慈爱，视学生如子侄。① 她见我头发很长（有一段时间没理发），胡子未刮，神不守舍，就关切地问我："军力，有什么事啊？"我只好如实相告。师母说，"哎呀，我以为什么事呢！多看看书，有想法了找你先生讨论讨论不就得了！"师母的一番话使我受到开导。于是我扩大了阅读范围（原来主要围绕魏晋南北朝史），中国古代史、甚或近现代史的有关著作、文章阅读，终于有所收获。

我在一篇《我国封建时代中央与地方关系述论》② 文章的阅读中有所感悟。这篇文章提出了一个观点，中央集权制度下，如果地方权力过大就会破坏统一、造成分裂局面……。魏晋南北朝正是由统一王朝走向分裂的时期，中间曾短暂统一再走向分裂，这一时期的中央地方关系，或可以成为论文选题。我还看到了《唐代藩镇与中央关系之研究》③ 一书，翻检之后，也有启发。于是就花费了一番功夫（那时还没有互联网检索，只能靠自己翻阅各种"目录"）查阅，没有查到过去发表的相关文献。于是就向何先生提出考虑做"魏晋南北朝中央与地方关系"这个方面的选题。时间大概是1988年10月，距何先生要求我们早日定下选题的时间已经过去一年多。

---

① 郭良玉师母在抗战胜利后曾在清华大学附中任教。清华著名教授朱自清先生对师母胞弟郭良夫先生说："你姐姐不是凡人！"我们去何先生家，除了讨教学问，有时还要拉家常。先生、师母会问及我们的家庭情况，父母如何、孩子如何、另一半如何，不但详细，而且他们都记在心里。家里有事，被他们知道，总会被问起，进行抚慰和疏导。遇到可能造成家庭矛盾的问题，师母往往一改和颜悦色的表情，正色讲起应该如何对待那些问题的道理，语气平和而严正，让听者往往心悦诚服。

② 作者王超，载《中国社会科学》1983年第1期。

③ 王寿南著，1978年台湾大化书局版。该书涉及藩镇与中央的行政、军事、财政、经济、藩镇对中央的态度演变等等内容，文字篇幅之大还附有大量的表格，林林总总有1000余页。

何先生听我说罢，沉吟了一下，告诉我这个方向可以，但是从哪个角度研究还需要仔细斟酌。他让我再细致考虑。

中央和地方关系可以涉及许多方面：行政（人事、户口等）、司法、生产、财政税收、军事、民族甚至赈灾等等，如果着眼于统一与分裂，则应重视中央地方的权力变化，特别是政治制度变化和统治集团的权力斗争。例如东汉末年，由于刺史制度的变化，直接导致了东汉王朝的瓦解。《后汉书·刘焉传》记刘焉建议"清选重臣"为刺史，"州任之重，自此而始"。刺史制度的这个重大变化是导致统一王朝崩解的重要原因。而后来的都督制度的变化，又导致了西晋统一王朝的瓦解。注重地方制度的变化，这应该是我研究中央地方关系一个观测点，再考虑其他影响中央地方关系因素，如民族关系、经济制度或许能够成篇。但是要把相关的历史发展线索推导出来，写成一篇逻辑严谨、前后呼应并有新意的论文，我当时的思考并不是很清晰。

我将论文题目初定为《魏晋南北朝中央与地方关系研究》，第一次提出的写作提纲（比较粗糙。如果按照后来研究生学习规范要求的"开题报告"那种审查形式，估计都没有办法通过）涉及曹魏、两晋、南朝，十六国北朝的内容也列出作为论文的一部分。何先生看过提纲后，认为内容较为芜杂，建议将十六国北朝部分去掉。十六国北朝少数民族贵族掌权后虽然推行汉化政策，但是多是时间短、资料少（北魏时间稍长），特别是一些制度的发展演变不易清晰描述。

虽然论文的写作提纲我还不能一下子就完善起来，但从地方制度的变化入手分析中央地方关系这部分内容得到何先生认可，于是对提纲的这一部分作了修改，进入写作过程。

刺史和都督制是魏晋南北朝最重要的地方制度。刺史初设是监察地方的官员，探讨它如何在汉末从监察官员变为地方最高行政、军事官员，就需要从西汉设立刺史开始探讨。由于从新的角度，有时会出现一些新的看法，如刺史如何从监察机构演变成地方最高军政机构，都督制的产生是满足当时改朝换代的需要等等；在研究东晋南朝过程中我认识到不同统治集团之间的权力斗争对当时的中央地方关系影响很大，因此在分析东晋南朝政治斗争时有了新的诠释角度。这些新的观点，让我论文写作过程中有一种满足感。但是全部完成论文也有“卡壳”和纠结的时候。我后来将论文题目改为《魏晋南朝中央地方关系研究》，里面罗列了一些影响当时中央地方关系的问题，如《魏晋时期中央与地方民族关系》、《财政经济制度对中央地方关系的影响》等等。当时认为既然是“研究”，就应将影响中央地方关系的一些重要问题列出，而且花费了不少时间搜集资料和撰写。但是在写成后发现和那些从政治制度变迁分析的内容逻辑上不相契合，但又不愿放弃自己辛辛苦苦搞成的东西。一度为了构思一个什么样的题目将这些内容包含进去，苦苦思索，但又找不到路径。在这纠结的过程中，我曾将已写成的部分章节交给何先生，希望让他看看我的稿子的质量如何，尽量避免最后推倒重来。

何先生阅后指出，论文有些部分之间的联系不是很紧密（指民族关系等章节），要我再好好考虑修改完善提纲，将论文全部完成后再给他看。何先生还说，中央地方关系属于政治史。政治史的内容可以包含很多，写成文章能够主题突出、逻辑清晰还是要仔细斟酌。他建议我找些政治史的文章读读，或许有启发。我找了几本政治史的书来读，其中陈寅恪先生的《唐代政治史述论稿》印象较深。对于唐代政治史，陈先生将问题集中在“种族和文化”展开叙述对我颇有启发。何先生让我读书，终促使我对论文写作的主题有所清晰。

由于论文未能及时完成，无法在1990年7月毕业，我推迟了答辩。暑假前我将论文《汉魏两晋刘宋中央地方关系矛盾及调整》的草稿送给何先生审阅。此前何先生嘱我，论文内容涵盖整个南朝，如果时间不够，写到刘宋，只要能够说明问题，也可以[①]。所以整个文章起于汉，止于刘宋。大概时间不长，何先生就找我谈稿子。何先生建议我[②]论文的题目改为《汉魏晋（刘）宋中央地方关系——权力的矛盾和调整》，并将章节如何调整、内容怎样增删等等，都做了十分具体的指导，并对我说，这样改就可以了。何先生的肯定让我对完成论文顿觉信心十足。

得到了何先生的具体而明确的指导，我快马加鞭修改论文。那几个月是我博士学习期间最为忙碌的时间，也是最有效率的时间。一些新的见解也在这个时候形成。比如，曹丕在都督制最初设立时，曾分设荆扬益都督和荆、杨都督，这样的设置最能反映出都督制的设立是保障曹魏代汉过程中边防的稳定[③]；还有，刘宋宗室内部相互残杀屠戮让读史者惊心，当把它放在中央与地方在权力争夺上进行分析，就有了比清朝赵翼《廿二史札记》中所论更为合理的解释[④]，

---

① 当时北师大对研究生印刷论文的字数有所规定，硕士生3万字，博士生10万字为限。

② 何兹全先生与人交往，谈到事情总是用商量、建议的口吻。即便他作为系主任与老师和工作人员谈话时也是如此。对于我们学生，他也是这样的态度。每当回忆起当年的往事，我们总是心怀敬意。

③ 详见本书第三章《曹魏时期的都督制》第一节《都督制的建立与作用》。

④ 详见本书第七章《刘宋时期朝廷对地方控制的加强》第三节《朝廷对地方控制的加强》

等等。在论文稿子最后经何先生审定送出打印（当时是打字机蜡版印刷）时，何先生还写了便笺给我，要我注意以下细节：

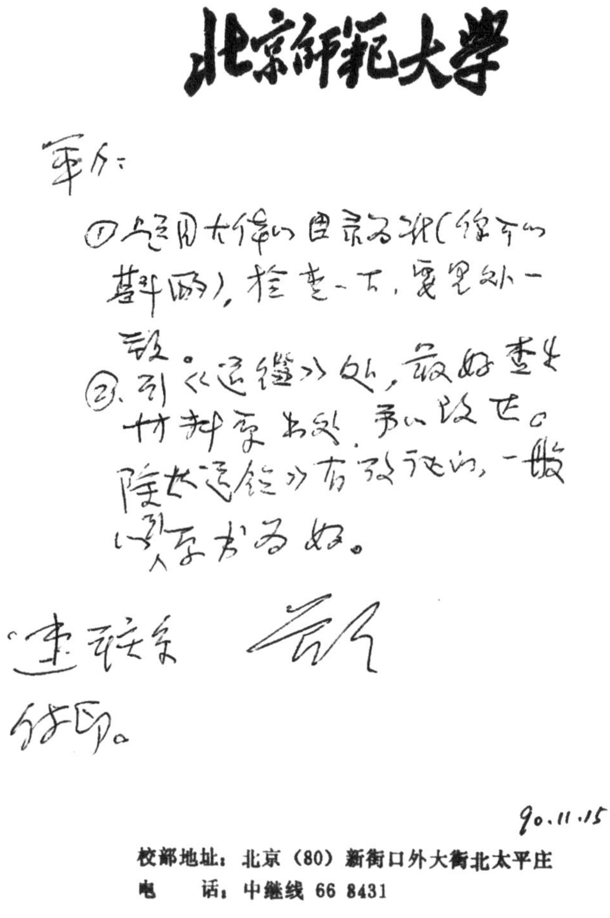
北京师范大学

華介：

①已经用大作的目录为准（你可以斟酌），检查一下，免得里外不一致。

②引《通鉴》之处，最好查出材料原书出处，予以改正。除去通鉴才有的记载，一般以引原书为好。

速改后 何兹全

付印。

90.11.15

校部地址：北京（80）新街口外大街北太平庄

电　　话：中继线 66 8431

＊便笺右下角的日期，是我按要求修改文稿并向何先生报告后注明的。

这张便条何先生说了两个问题：第一，论文的草稿的目录一些章节的题目何先生建议改动（同时强调了“你可以斟酌”），他要求我正文相应章节题目也要做改动，免得里外不一致。第二，我的论文史料引用《通鉴》比较多。对于魏晋史来说，《通鉴》属于二手资料，正史属于第一手资料。何先生提醒我引用史料要注意规范[①]。这张便笺不仅反映了何先生对我们学术上要求的细致和严谨，而透过纸背的更是对学生深切的关爱！30 多年过去了，当我再看到这张纸条，内心仍充满感激之情。

这篇论文，从我最初提出研究魏晋南北朝的中央地方关系作为论文选题时，并没有明确研究哪些问题，是何先生一步一步指导我从模糊到逐渐清晰、再到渐入“佳境”，终于完成。

论文印出后送专家评审，18 位专家给予一致好评（当然也指出了文章的错误之处：引文出错、个别论断不准确、校对不精、印刷错误等问题）。专家都认为论文有“新意”、有“创见”，“资料丰富、论证有力”[②]、在一些具体问题上能“探微索隐，阐明微妙复杂的变化”[③]，有的专家还认为在中国政治史和政治制度史研究“领域开辟了一个新的研究途径”[④]。我由衷地感到，没有何先生的帮助指导，无以至此。

毕业论文能得到专家的一致好评，除了前面所说何先生精心指导与我个人努力外，还有何先生的学术对我的重要影响。波兰尼的《个人知识》[⑤]、库恩的《科学革命的结构》[⑥] 是两部对知识产生、发展等问题分析最为深刻的经典巨著。对两部经典有深入研究的台湾著名学者林毓生认为：“科学的发展主要依靠研究的时候能否产生重

---

① 本书引用的史料大部分源于正史和《资治通鉴》。同一史实，未用正史而引用《通鉴》大致出于这样的原则：1. 可补正史不足；2. 《通鉴》胡注能加强分析说明；3. 正史分散于几处记载而《通鉴》集中一起叙述，使行文简洁一些。

② 见附录：黄惠贤《学术评议书》。

③ 见附录：缪钺《学术评议书》。

④ 见附录：安作璋《学术评议书》

⑤ 中译本：贵州人民出版社 2000 年版。

⑥ 中译本：上海科学技术出版社 1982 年、北京大学出版社 2004 年版。

要的问题。”[1] 而科学家研究问题的导向是由哪些因素影响的？林毓生认为：“第一，由于他在研究中的感受，第二，与他的老师指导有关，他与他的老师有一种默契。从科学史上我们知道，某一学派的学生，看问题的方法往往是根据这个学派的传统和格调来看。因为这个学派的大师用这个方法看问题产生了很好的答案。”[2]

八十年代，何先生发表了《汉魏之际社会经济的变化》[3]。这是何先生著述中最重要的文章之一，也是他坚持了几十年“魏晋封建论”的定鼎之作。在这篇文章中，何先生分析春秋战国经秦汉到魏晋社会经济的变化。在一个相当长的历史时期来考察历史问题，就使得结论有相当坚实的基础。在我个人的印象中，何先生极少主动谈及他的著述，而这篇文章何先生曾对我们说，这篇文章的结论（指魏晋封建说）可能会有人不同意，但是文章中指出的那四种社会经济变化，是大家都认可的。这篇文章我曾多次认真读过，一些重要的观点记诵在心。何先生这种从较长历史阶段来研究问题的方法，成为引导我研究问题的“支援意识”。[4] 我将中央地方关系放在600余年的历史过程中进行考察，从研究思路上看，无疑是受到何先生启发。所以，我们任何有新意的研究都是有迹可循，都能找到前辈学者潜移默化的影响。

回顾我跟随何先生求学的过程，有两点感受深刻。

首先，何先生对我们管理的宽松。当年我是在“三十未立”的

---

① 林毓生：《中国传统的创造性转化》，三联书店1988年版，第16页。

② 同上，第17页。

③ 见何兹全：《读史集》，上海人民出版社1982年版。

④ 参见林毓生《中国传统的创造性转化》，生活·读书·新知三联书店1988年版，第17、29、250页等。

“学术白丁”情况下成为何先生的学生，基础差这是实际情况。大概是何先生觉得我还是比较努力，“孺子可教”，所以一直对我“管”得不是那么严格。如果像那些管得严的老师不断的检查“进度”、检查“阶段成果”，就会造成学生一味地去应付检查，没有了那些“胡思乱想”的时间和精力去探讨自己认为重要的问题。我在读硕士、博士期间，有时头脑突然冒出一个问题，就花费一定的时间精力去“泡”图书馆。这种努力有时无果而终。但也对我增加某一方面历史知识和训练自己的思考能力还是有所助益。没有这样一个探索（甚至试错）过程，那些刚刚踏上学术研究道路的人，是难于找到愿意付出精力和时间去探索有新意的研究方向。正是何先生对我宽松管理，让我通过努力写出那篇被众专家认可的博士学位论文。

本书《绪言》的第一句话“中央和地方的权力如何分配，是关系到皇朝统一、治乱兴衰的大问题”，意在说明这本书是研究中国古代的重要历史问题。这句话是何先生在我的一份草稿上写下的，照录在上。何先生一直鼓励我们从事研究不仅要有新意，更要对重要的历史问题进行探讨。这篇文章或许一定程度上符合何先生的要求。

其次，“引而不发”① 和拨正你的船头。

台湾学者林毓生曾在美国芝加哥大学求学，入哈耶克（Friedrich A. Hayek）教授之门读博士课程。哈耶克是西方思想学术大家，诺贝尔经济学奖得主。林毓生在跟随哈耶克教授读书过程中，发现哈耶克教授在指导学生的过程中，“尽量尊重学生的自由，让学生自己去发掘问题，找寻自己的兴趣，发现自己能力之所长，进而善自运

① 参见严耀中《引而不发的启迪》，载《士不可不弘毅——追忆何兹全先生》，北京师范大学出版社 2015 年版。

用自己的能力。学生如有问题，他愿意在旁边帮助学生解决问题，但他自己尽量避免使学生受到任何理知的压力。”① 何先生亦是如此。

何先生年轻时就在学术研究上崭露头角，后来的学术发展得到了傅斯年、陈寅恪以及胡适、陶西圣等学术大家的肯定。抗战期间，何先生到中央研究院史语所工作，抗战后又到美国哥伦比亚大学进行学术研究活动，时值盛年，正是在学术上大展拳脚的时候。1950年，何先生归国后，由于众所周知的原因他不得不减少甚至停下学术研究。八十年代以后，何先生发表了一系列重要的文章，在学术界的影响巨大。他笔耕不辍，90 岁以后还每年要出版一本书，直到 96 岁才停笔。作为史学大家，何先生对自己的学生一定有所期许。但他在培养学生过程中从不会要求学生要达到什么样的标准，更不会揠苗助长。他更多的是告诉我们，史学界那些前辈是如何进行学术研究的，让我们“此时虽不能至，一定要心向往之”，努力攀登学术高峰。何先生鼓励学生自己探索学术问题，允许学生“摸着石头过河”，只是在学生迷失方向时，他会点拨你，拨正你的“船头”。

当我提出要做魏晋南北朝中央地方关系研究时，何先生只是嘱我要好好考虑内容应该写什么，没有更多地告诉我应该朝那个方向努力；而当我写出一些具体的研究内容时，何先生只是告诉我要将哪些枝蔓去掉，告诉我注意吸取前辈学者的成果；最后论文的主要内容基本成形，何先生嘱我如何具体修改和需要注意的细节。最初我要做中央地方关系这个题目时，何先生一定有成熟的想法。但是，

---

① 林毓生：《中国传统的创造性转化》，生活·读书·新知三联书店 1988 年版，第 336 页。

他却启发学生自己努力钻研，发挥个人的创造力，从而使论文的学术水平能够达到一定的高度，更重要的是在这过程中，他鼓励学生独立钻研，指导学生能够锻炼成长为较为成熟的学术研究者。

当然这篇论文本身还存在着明显不足。除了没有将研究延续到整个南朝，还有一个缺陷，就是缺乏对那一段历史时期中央地方关系的理论分析。何兹全先生曾指出，学术研究的发展历程存在着“一时重思想一时重材料，一时重整体，一时重局部”的现象。他认为：“任何一门学科都应当理论、材料并重，宏观、微观并重，不能偏重哪一方面。”他还强调：“做学问，要宏观、微观结合。要能真实地看到整个社会，才能认识你看到的那一部分社会和问题。研究任何一点一面的社会，必须有全面的观点，认识了社会的全面，才能真正认识你所见的部分。”① 我这篇学位论文，就存在偏重微观，缺少对宏观问题的研究。理论的研究对于总结中国古代中央地方关系的一些规律性的东西具有重要的意义，对今天也不无裨益。衷心希望后来学人能够弥补这一方面研究的不足。②

这篇论文在搁置了30多年后才拿出发表，纯属阴差阳错。

那个时候，博士研究生的毕业论文完成后，一般都趁热打铁，一两年之内修改整理后发表。我起初也想这样做。最初的打算是将南朝齐梁陈部分补充后再拿去发表，从历史著作的完整性来说，也应将这部分内容补齐为好。

---

① 何兹全：《中国中古社会和政治研究丛书 · 总序》，第2—3页。载陈琳国著《中古北方民族史探》，商务印书馆2010年版。

② 历史学家黄仁宇也曾指出，近几十年西方的中国史研究也存在着重分析不重综合、小处着眼，往往忽略大局的倾向。见［美］黄仁宇《我相信中国的前途》，中华书局2015年版，第3页。

博士毕业后我来到汕头大学工作。由于是举家南迁，适应这里的工作和生活环境，颇费精力。一段时间后我就开始搜集资料，以补充南朝未完成部分。在搜集资料的过程中，发现汕头大学毕竟是建立不久的学校，虽然图书馆购书经费不少，但资料的积累需要时间和积淀。在北师大随手可找到的资料这里却没有（那时没有互联网电子书），只好记录下来利用假期到资料丰富的地方去查。这种少米难炊的状况使写作颇受影响。加之工作上的压力，进展不大。当然，也和我注意力分散有关。几年的时间很快就过去了。

大概在1995年，我夫人徐鲁航接受了一个写作任务：中国人民抗日战争纪念馆组织编写“纪念卢沟桥事变六十周年”丛书，她接受了写作《台湾人民抗日斗争史》的任务。她邀我一起完成这部书稿。当时汕头大学图书馆有一个“港台书阅览室”，里面购置了不少有关台湾地方历史的资料（这在那时的大学里很少有）。我感觉资料查找方便，又能出版，于是有时间就往“港台书阅览室”跑，恶补自己有关台湾的知识，搜集资料并参与写作①。经过我们一年多共同努力，《台湾人民抗日斗争史》于1997年出版。② 再往后我开始做行政工作，完成博士论文补充部分并交付出版，对我来说已经变得有些遥远了。这个论文的油印本就一直搁置在纸箱里。

2010年我退休，此时已脱离学术界久矣，一心想着如何度过退休生活，自然没有整理这篇论文的念头。2021年，因疫情封控，既

① 我至今还记得当时在阅览室检得一本《台湾五十一年来统计提要》（台湾行政长官公署审记室编印，1946年12月出版），书中许多日本殖民时期经济、社会的统计数据，对研究问题和写作非常有帮助。不知此书是否还在那个阅览室。

② 《台湾人民抗日斗争史》，薛军力、徐鲁航著，北京燕山出版社1997年出版，ISBN 7－5402－0939－9。这是1949年以后大陆出版的第一本比较完整地叙述日本殖民时期台湾人民抗日斗争的历史著作。

不能旅游又不能探亲访友，我在家里整理旧物，翻到几个多年未曾动过的纸箱。不意捡到这本暌违已久的论文，拿起来读了读，感到当年写作时还是下了一番功夫的，觉得应该将其录入电脑，可能的时候供人参考①。在花费了几个月的时间录入电脑后，上网检索发现从这个角度研究魏晋南北朝史的文章、专著甚少；又请人在查新查重系统上检索，发现仍有学术价值，这才决定保持原貌将它出版。这样出版是希望为当年的“老童生”毕业论文立此存据，更为那个时期导师如何指导研究生写作提供一个参考。

此次提供出版社的书稿只是对原油印本的错别字进行了订正，引文一一做了核对，对原稿个别表达不清或错误的句子进行了调整。其他一如其旧。

本书出版，恩师何兹全先生，副导师黎虎教授、师兄陈琳国教授已归道山，请益无从，深为遗憾！昔日谆谆教诲，犹在耳畔，音容笑貌宛如眼前，令人追怀不已！

本书在出版过程中，得到韩山师范学院校领导的关心和支持，韩山师范学院潮学研究院院长陈海忠在联系出版社和办理相关手续付出了不少时间和心力，还抽出时间帮我校对稿件，大大减轻了我的负担；汕头大学的老同事黄京鸿先生，特别为本书题写了书名，他的隶书遒劲有力，为本书增色不少；本书责任编辑宋燕鹏先生对作者的写作和修改过程给予了很多指导……还有很多朋友也给予了多方面的帮助，恕不一一具列，谨向以上各位致以诚挚谢忱！

---

① 当时的论文大概印刷了几十本。送评审专家、学校、有关图书馆等，所剩无几。多年后曾在一图书馆检索目录上看到这篇论文和作者的名字，但没有具体内容。录入电脑或可为有需要的研究者提供电子文稿。

最后，还要感谢我的夫人徐鲁航、女儿薛乃成对论文整理出版过程的支持和帮助。家人一句关心鼓励的话语，帮我翻找书籍资料……都促使我克服困难，完成出版过程的每一项工作。

2023 年 9 月 8 日